Hartmut Krinitz

SÜDTIROL

FLECHSIG

Hartmut Krinitz

SÜDTIROL

Inhalt

159
Von Tälern und Bergen – Pustertal, Eisacktal und Dolomiten

Seite 12/13:
Von der unter den zerfressenen Roßzähnen gelegenen Hütte Tierser Alpl führt der Weg über den 2598 Meter hohen Molignonpass hinein in die endlosen Schuttkare des Rosengartens.

Seite 14/15:
Vom Sonnenberg über Kastelbell zeigt sich die Landschaft des Vinschgaus in all ihren Facetten. Im Tal füllen Apfelplantagen den letzten Winkel und viele Stockwerke darüber, weit jenseits der Baumgrenze, tragen die Riesen der Ortlergruppe eine Kappe aus Schnee und Eis.

Seite 8/9:
Der Ritten bildet ein Hochplateau zwischen Sarntal und Eisacktal, oberhalb von Bozen. An seinen Rändern formt die Erosion, wie hier bei Lengmoos, immer wieder Erdpyramiden, indem Wasser und Wind das lose Material um größere Felsbrocken wegschaffen.

Seite 6/7:
An einem klaren Oktobertag reicht der Blick von der Almenlandschaft um die Rungger Hütten über das Eisacktal auf die Dolomiten mit der Geislergruppe, Sella, Langkofel und Schlern.

Erste Seite:
Bis heute stehen Almhütten und blühende Wiesen, wie hier im Tierser Tal bei St. Zyprian, als eines der Sinnbilder für den Alpenraum.

Zwischen den Welten – Südtirol

„Fünf Monate Winter und sieben Monate kalt", sagt man oben im Durnholzer Tal. „Ich hätte nirgendwo anders leben wollen – außer manchmal im Winter", sagt Barbara Premstaller, die achtzigjährige Bäuerin vom Radler-Hof in 1700 Metern Höhe. Doch viele Junge leben woanders und die Gebliebenen stehen zwischen den Welten, zwischen dem Leben, das war, und der neuen Realität. Bis in die 1960er-Jahre hatte außer dem Pfarrer niemand Telefon. Erst Ende dieses Jahrzehnts tauchten die ersten Fernseher auf. Am Anfang war der Empfang reichlich mäßig. „Wir haben zwar alle hingeschaut, aber der Großteil war Schneien. Kaum einmal ein klares Bild", sagt Gottfried vom Kröss-Hof. Doch die Moderne ist längst angekommen, Telefon und Fernseher bevölkern die Stuben, die weite Welt steht auf Knopfdruck bereit. Sie hat verändert, erleichtert, verwirrt, aber die meisten Menschen hier oben haben sie nicht einfach übergestreift wie neue Kleider. Sie hat ihren Platz, vieles hat seinen Platz. Auto, Handy und Computer sind in das Leben integriert, nicht überall, doch eher die Regel als die Aus-

nahme, und wenn der Purist aus seinem klimatisierten Wagen steigt, mag er das bedauern. Doch es lohnt, sich einzulassen auf dieses Land, das keines ist, denn dieses Südtirol präsentiert sich als geografisches, politisches, historisches und touristisches Biotop, das kein Geist hätte erdenken können – ein Mikrokosmos aus Kulturen und Landschaften, Lebensformen und Sprachen.

Bewacht von Burgen

Gerade einmal 7400 Quadratkilometer umfasst das Land zwischen Ortler und Drei Zinnen, Brenner und Salurn, doch einfach greifbar ist es nicht. 300 Burgen „bewachen" seine Täler. 116 Gemeinden bilden die sieben Talschaften Vinschgau, Burggrafenamt, Eisacktal, Wipptal, Überetsch-Unterland, Salten-Schlern und

Linke Seite:
Wenn im Frühsommer auf den Gipfeln der Sarntaler Alpen, in Höhen weit über 2000 Metern noch der letzte Schnee liegt, hält im Durnholzer Tal langsam die Farbe Einzug und die Wiesen um die Bergbauernhöfe beginnen zu blühen.

Von der Stadtgrenze Bozens zieht sich das ländliche Sarntal in die Berge hinauf. Oberhalb der Talfer liegt auf einem kleinen Sattel Schloss Wangen. Zwischen 1209 und 1237 ließen sich die Edelfreien von Wangen dieses Gemäuer als „Zweitwohnsitz" errichten, verbrachten aber die meiste Zeit im nahe gelegenen Schloss Runkelstein.

17

Pustertal. Die Ströme Etsch, Eisack und Rienz formen das geografische Grobgerüst, drei Sprachen, Deutsch, Italienisch und Ladinisch, stiften kulturelle Identität. Gut vier Prozent der circa eine halbe Million Einwohner spricht das alte Ladinisch. Sie wohnen in den Tälern rund um die Sella (und einige mehr in den angrenzenden Provinzen Belluno und Trient). Der Rest verständigt sich zu knapp 70 Prozent auf deutsch und gut 26 Prozent auf italienisch. Rund 97 Prozent sind katholischen Glaubens.

Fremdenverkehrswerbung und Volksmusikparaden voll sinnarmem Reimgesangs prägen das Bild vom dauerjodelnden Trachtenträger. Doch wer das Ebenbild der „Südtiroler Alpenamigos" auf den Straßen von Brixen, Bozen oder Meran sucht, im Alltag also, stellt ganz schnell fest: Wir sind in Mitteleuropa und so kleidet sich der Mensch und so lebt er. In der Stadt, allen voran im italienischen Bozen, etwas rasanter als auf dem Land. Man pendelt zur Arbeit, staut sich, trinkt seinen Macchiato und ist involviert in das Geschäft mit den Besuchern aus aller Welt. Und doch haben sich viele Südtiroler einen eigenen Rhythmus bewahrt. Wer Aufgeregtheit sucht, ist weiter südlich meist besser bedient.

Zum Schutze seiner einzigartigen Landschaften zählt das Land mittlerweile mehrere Naturparks. Von der Texelgruppe oberhalb Merans zu den Mooren und Wäldern des Trudner Horns im Unterland, vom Wahrzeichen Schlern mit Teilen der Seiser Alm über das bizarre Reich von Puez-Geisler zum Karstland Fanes-Sennes-Prags, dem Park Sextner Dolomiten um die ewigen Drei Zinnen und schließlich Rieserferner-Ahrn im Norden, der zusammen mit dem Nationalpark Hohe Tauern und dem Ruhegebiet Zillertaler Hauptkamm Europas größtes Schutzgebiet formt – unbeeindruckt von Ländern und Grenzen. Dazu reiht sich der Nationalpark Stilfser Joch, der sich vom Ulten- über das Martelltal zum König Ortler zieht, vom Obstbaum zum Gletscher, belebt von Steinbock, Gämse und Murmeltier.

Die Anfänge

Eine bunte Mischung aus Gestern und Heute prägt das Land und stellt die Frage

Linke Seite:
Hoch am Hang zwischen Meran und Bozen, bei Prissian, liegt die Wehrburg. Der Blick reicht über das Etschtal nach Bozen und an klaren Tagen bis zu den Dolomiten. Die Anlage ist heute ein mit viel Engagement geführtes Hotel in Familienbesitz, das oft über Monate im Voraus ausgebucht ist.

Oktoberschnee bedeckt die Berge oberhalb der Dreizinnen-Hütte im Naturpark Sextener Dolomiten. Um diese Jahreszeit trifft man zwischen Toblinger Knoten, Haunold und Schusterplatte nur selten einen anderen Menschen und selbst um die nahgelegenen Drei Zinnen kehrt etwas Ruhe ein.

nach den Wurzeln. Es mag mit dem Cro-Magnon-Menschen begonnen haben, der als Jäger durch die rauen Alpen zog. 5000 Jahre vor Christus brandrodeten jungsteinzeitliche Ackerbauern die Täler, Viehzüchter ließen sich nieder auf der Seiser Alm und um das Pustertal. Und etwa 3300 vor Christus begab sich ein gewisser Ötzi, den man im Englischen „Frozen Fritz" nennt, hinauf in das Similaungebiet oberhalb des Schnalstales, wo er 1991, nur noch dreizehn Kilogramm schwer, erneut das Licht der Welt erblickte.

Als die Römer in den Jahrzehnten vor Christus das Alpenvölklein unterwarfen, wohnten dort die keltisch geprägten Räter, weshalb die Provinz mit der Hauptstadt Augsburg den Namen Raetia trug. Bis 476 nach Christus regierten die Römer, das Bistum Säben entstand, dann wurde es turbulent. Germanen, Franken, Langobarden und Bajuwaren zeigten Interesse und Präsenz. Die Langobarden schnitten die romanische Bevölkerung in den Alpen ab von den romanischen Gruppen südlich der Poebene. Als Folge divergierte die Sprache. Das Rätoromanische entstand, das heute noch in Ladinien aber auch in Graubünden und im Friaul fortlebt.

Bewegte Zeiten

Als Karl der Große das Reich der Langobarden eroberte, waren Tirol und Südtirol wieder unter derselben Herrschaft vereint. Doch ab 1140 zogen die Grafen von Tirol um die Stammburg oberhalb von Meran immer weitere Kreise und 1248 gilt als das Geburtsjahr des Landes Tirol. Der Blüte folgte die Pest, welche manche Regionen nahezu entvölkerte und wirtschaftlichen Niedergang brachte. Das Land Tirol ging an das Haus Habsburg, unter dessen Dach es bis 1918 bleiben sollte. Herzog Friedrich IV. („Friedel mit der leeren Tasche") verlegte den Regierungssitz 1420 von Meran nach Innsbruck. Der alte Weg durch das Eisacktal zwischen Innsbruck und Bozen wurde zur Straße erweitert, doch als sich die Handelswege verlagerten, ging die Bedeutung Südtirols zurück.

Dann überzogen die Koalitionskriege zwischen Frankreich und den Habsburgern das Land. Im dritten dieser Kriege verlor Österreich gegen die napoleoni-

Linke Seite:
Das erste, warme Licht des Tages hat die Gipfel von Schlern und Santner-Spitze erreicht. Auch in der Ferne zieht es von den höchsten Lagen der Ötztaler Alpen und der Texelgruppe langsam in Richtung Tal.

Sie wurde um 1206 errichtet und mehrmals zerstört: Die Ruine der Burg Maultasch liegt bei Terlan über dem Etschtal. Margarete Maultasch, die letzte Herzogin von Tirol, soll hier regelmäßig residiert haben.

schen Truppen und trat Tirol an Bayern ab. 1809 erhob sich ein Tiroler Bauernheer gegen die Franzosen und Bayern, siegreich zunächst, doch am 1. November erlitten die Aufständischen unter dem Passeier Gastwirt Andreas Hofer in der vierten Schlacht am Berg Isel eine vernichtende Niederlage. Der Widerstand war gebrochen. Andreas Hofers Hinrichtung folgte 1810 in Mantua.

Der Erste Weltkrieg sah Italien als Bündnispartner von Österreich und Deutschland. Zunächst, denn 1915 wechselte es die Seiten. Ein blutiger Gebirgskrieg entbrannte. Italienische Alpini lieferten sich mit Kaiserjägern und dem bayerischen Alpenkorps grausame Kämpfe an der Dolomitenfront und um den Ortler, wo die höchsten Stellungen knapp unter dem Gipfel entstanden. Der Wahnsinn Krieg erreichte neue Dimensionen. Die Spuren finden sich noch heute. Mit dem Friedensvertrag von St. Germain wurde Südtirol ein Teil Italiens, Nord- und Osttirol blieben bei Österreich. Zugeständnisse an den deutschsprachigen Teil der Bevölkerung wurden schon bald durch massive Repressalien ersetzt. Deutsch wurde als Unterrichtssprache verboten, alle Behörden auf Italienisch umgestellt und Südtirol hieß fortan Alto Adige.

Als am Brenner das Hakenkreuz wehte, hofften die Südtiroler auf die Heimkehr ins Reich. Mussolini und Hitler aber hatten andere Ideen. Sie einigten sich auf die Unangreifbarkeit des Brenners als Grenze. Die „Option" kam ins Spiel. Deutschsprachige Südtiroler wurden vor die Alternative gestellt, als Italiener im Land zu bleiben oder ins Deutsche Reich umzusiedeln. Eine grausame Entscheidung, die Familien entzweite und

Freundschaften zerbrach. 86 Prozent entschieden sich für die Auswanderung, doch durch den Krieg machte sich nur ein Teil von ihnen tatsächlich auf den Weg und die meisten kehrten später zurück.

Natur- und Kulturlandschaft

Als die Welt in Trümmern lag und der Großmachtwahn verraucht war, erreichte Südtirol im Pariser Abkommen immer-

Über Nacht hat es geschneit. Die Passstraße über das gut 2000 Meter hohe Würzjoch verbindet das Eisack- mit dem Gadertal. Es ist einer der weniger stark frequentierten Pässe Südtirols. Kurz unter der Passhöhe liegen einige Almhütten vor der Kulisse der Aferer Geisler.

hin einen Autonomiestatus für die Provinz Bozen. Die Regierung aber saß in Trient und die Repressalien zeigten sich bestenfalls subtiler. Die Unzufriedenheit wuchs. „Los von Trient" hieß der Slogan, begleitet von Kundgebungen und Anschlägen gegen italienische Einrichtungen. 1969 schließlich wurde nach zähen Verhandlungen zwischen Italien, Österreich und der Südtiroler Volkspartei ein neues Autonomiestatut verabschiedet. Die Landesregierung in Bozen erhielt erweiterte Kompetenzen und die Zweisprachigkeit wurde Gesetz. 1992 erklärt die UNO den Konflikt für beendet.

Heutzutage hat bei den jüngeren Leuten die Zweisprachigkeit meist selbstverständlich Einzug gehalten, manche Ältere aber fahren noch immer gerne in die Hauptstadt und meinen Innsbruck. Aus den südlichen Provinzen machen nicht wenige regelmäßig Urlaub im prosperierenden, aufgeräumten Südtirol und die Südtiroler sagen dann: Die Italiener kommen. Das alles wirkt friedlich, aber nicht abgeschlossen. Geschichte war nicht gestern, sie entsteht hier und jetzt.

Wer heute unterwegs ist an Etsch und Eisack und in den Bergen, spürt Wohlstand ohne ernste Allüren. Natur-, Kultur- und Kunstlandschaft vermischen

sich. Vielleicht, wahrscheinlich breitet sich der Mensch etwas zu sehr aus, die Siedlungsfläche hat sich in den letzten zwei Jahrzehnten mehr als verdoppelt. Vier-Sterne-Wellness-Tempel reihen sich mancherorts zum Tirol-Disneyland und es wird einem unheimlich angesichts dieser geballten Folklore-Tümmelei. Doch schau, da oben am Hang, zu steil für jede Maschine, verteilt ein Bauer Kuhmist mit der Gabel. Zunächst mut-

maßt man, das lokale Fremdenverkehrsamt hätte ihn angestellt, doch nein, der Sepp macht das schon immer so wie sein Vater und sein Großvater. Nur der Sohn arbeitet bei einer großen Firma in Bozen. Doch in letzter Zeit kommt er immer öfter aus der Neuzeit herauf, packt mit an und spricht geheimnisvolle Sätze von der „guten alten Zeit", die vielleicht nicht gut war, aber anders, und der Sepp hört ihm zu, nickt und denkt sich seinen Teil.

Tradition und Moderne – Meran und Vinschgau

„Löck, pamper, löck." Kalt streift der Wind über den Vernagt-Stausee im Schnalstal morgens um halb vier. Von Tageslicht noch keine Spur. Am Gatter der Gehege stehen vermummte Gestalten, Atemwolken vor dem Mund. „Löck, löck." Ein Riegel wird gelöst, vierhundert Schafe strömen in die Nacht, bergauf. Wie jedes Jahr, wie immer. Nach einer Stunde wird ein Hochtal erreicht, im Talschluss erscheint schemenhaft der finale Aufstieg. In Serpentinen schwingt sich der Pfad hinauf, an Urgesteinszacken reiben sich Wolken. Ein Faden aus bunt markierten Leibern windet sich zum Niederjoch, 3019 Meter hoch und jenseits der Passhöhe den Gletscher hinab ins Ötztal. Seit dem 14. Jahrhundert sind die Weiderechte besiegelt, seitdem wechseln jährlich etwa 2000 Schafe von den kargen Weiden des Vinschgaus auf die „grünere Seite" der Berge. Ein Ereignis zwischen Tradition und Notwendigkeit.

Im Tal, an den Ufern der Etsch, hat die Moderne Einzug gehalten, repräsentiert durch das Gleichmaß der Monokultur. Zwölf Millionen Apfelbäume, 2000 Bauern, 200 000 Tonnen Früchte lautet die monumentale Mathematik der modernen Landwirtschaft. Apfelbäume der Kindheit aber, wo seid ihr geblieben?

Surrealer Anblick

Doch es gibt mehr als Bäumchen im Tal der Etsch, dem mit 415 Kilometern zweitlängsten Fluss Italiens nach dem Po. Churburg, Kloster Marienberg, der Tartscher Bühel, das Städtlein Glurns setzen Akzente – und über allem dräut das Weiß der Ortlerberge. Zunächst aber erwartet den Reisenden vom Reschenpass gen Süden ein surrealer Anblick: der Glockenturm im Reschen-Stausee. 1950 versank das Dorf Graun in den Fluten. Da waren die Häuser bereits gesprengt. „Elektrizität" hieß die Losung, Fortschritt der Götze, 1000 Menschen verloren ihre Heimat und nur der Kirchturm blieb als mahnende Erinnerung.

Flussabwärts, in Schluderns bewohnt die gräfliche Familie Trapp die Churburg noch immer einen Teil des Jahres. Die ausgemalten Renaissance-Arkaden und vor allem die bestens bestückte Rüstkammer mit Rüstungen für Pferd, Kind und den Zwei-Meter-Riesen Ulrich von Matsch, locken alljährlich die Besucher, welche nach vollbrachter Führung weiterziehen gen Glurns, mit 750 Einwohnern eine der kleinsten Städte des gesamten Alpenraums, geschützt von einer fast vollständig erhaltenen Mauer.

1940 wurde das Staudammprojekt von der Mussolini-Regierung genehmigt, 1950 hat man es umgesetzt: Dem Reschen-Stausee fielen 163 Gebäude und uraltes Kulturland zum Opfer. Lediglich der Kirchturm des Dorfes Graun ragt wie ein Mahnmal aus dem Wasser.

Entlang der Waale

Von Schluderns aus besuchen wir mit Joseph Ruepp die Waale. Sein Hof liegt weit oberhalb der Churburg, wo das wenige Wasser versickert und die Sonne brennt. Ohne Bewässerung ist Landwirtschaft hier nicht möglich. Die Mönche von Kloster Marienberg sollen es gewesen sein, die begannen das Wasser der Bäche ab- und umzuleiten. Es entstanden stein- und holzgefasste Rinnen, Brücken aus ausgehöhlten Baumstämmen überwanden Schluchten und für die Wartung wurden parallel die Waalwege angelegt. Ein Waaler überwachte die genau festgelegte Zuteilung für die angeschlossenen Höfe und die Funktionsfähigkeit. Waalschellen signalisierten, ob das Wasser lief. Von einst 135 Waalen am Vinschgauer Sonnenberg sind noch ein Dutzend erhalten.

Weiter östlich, am Hang unter den Texelbergen, kleben Höfe und Weiler und Reinhold Messners zinnenbewehrter Wohnsitz Juval. Im Talgrund bei Naturns schaukelt St. Prokulus. In seinem unscheinbaren Kirchlein verbergen sich die ältesten Fresken im gesamten deutschsprachigen Raum, die unter anderem symbolisch die Flucht des Heiligen über die Stadtmauern von Verona darstellen.

Palmen und Thermen

Schließlich das Meranerland. Im Norden zieht das Tal von Passeier hinauf zum Gasthaus „Am Sand" des Andreas Hofer, vom alten Burggrafenamt weicht das Ultental gen Südwesten und mittendrin, gemächlich, fließt die Passer und gemach flaniert das Volk an ihrer Seite. Seit Dr. Johann Nepomuk Huber 1836 sein Epos „Ueber die Stadt Meran in Tirol, ihre Umgebung und ihr Klima" zu Papier brachte, wird gekurt zwischen Ifinger und Texelbergen. Kaiserin Elisabeth, die Sissi, reiste mehrmals an und blieb letztendlich in Stein geschlagen und auf Dauer an der Sommerpromenade. Stefan Zweig, Franz Kafka, Christian Morgenstern schauten vorbei und trugen den Ruhm des nebst Karlsbad ältesten Kurortes Europas in die Welt. Von der Tappeiner Promenade am oberen Rand der Stadt schaut man hinunter auf die Spuren von Vergangenheit und Aufbruch, auf reichlich Belle Époque, Palmen und die neuen Thermen und hinauf zu den geweißelten Gipfeln der Texelberge, die wie ein Kardiogramm vor dem Himmel stehen, wie ein Sinnbild vom Gang der Dinge in einer kleinen Stadt zu ihren Füßen.

Schräg gegenüber dem Kurhaus, an der Sommerpromenade hat man Kaiserin Elisabeth von Österreich, die alle „Sissi" nannten, ein Denkmal errichtet. Zwischen 1870 und 1872 verbrachte sie zwei Winter an den Ufern der Passer und trug dazu bei, dass sich Meran als Kurstadt etablieren konnte.

Oberhalb von Burgeis liegt
Kloster Marienberg in 1340 Metern weithin sichtbar am Hang.
Die höchstgelegene Benedikti-
nerabtei Europas wurde um
1200 von den Grafen von Tarasp
gegründet und wird seit mehr
als 800 Jahren von Mönchen
bewohnt.

Nicht weit von Schluderns erhebt sich die Kuppe des Tartscher Bühels. Von der Kirche St. Veit schaut man an klaren Tagen zum Ortlermassiv. Der ungewöhnliche kleine Hügel ist ein uralter Siedlungsplatz.

Linke Seite:
Mit 750 Einwohnern trägt Glurns den Titel „kleinste Stadt Südtirols". Früh im 14. Jahrhundert wurde der in 900 Metern Höhe im oberen Vinschgau gelegenen Siedlung das Stadtrecht zuerkannt. Nach einem verheerenden Brand setzte sich der Habsburgerkaiser Maximilian persönlich für den Wiederaufbau ein.

Der Stadtplatz von Glurns zeigt sich als gut besuchte Idylle. Gasthäuser, alte Laubbäume und die mittelalterliche Atmosphäre ziehen zahlreiche „Müßiggänger" an. Doch nicht erst in jüngerer Vergangenheit sieht die Siedlung viele Fremde. In der Römerzeit lag Glurns an der Via Claudia Augusta und an einer Handelsstraße in die nahe Schweiz.

Linke Seite:
Glurns wurde 1499 in der Schlacht an der Calven komplett zerstört und in der Folge befestigt wieder aufgebaut. Die kleinste Stadt Südtirols umgibt eine vollständige Stadtmauer, die lediglich über drei Tore den Zutritt ermöglicht.

Die mittelalterliche Laubengasse in Glurns war nicht immer so niedrig. Regelmäßige Überschwemmungen haben das Niveau des Bodens aber über die Zeit angehoben.

Gleich drei Kruzifixe stehen am Eingang des Matscher Tals oberhalb von Schluderns. Überall im Land trifft man auf teilweise sehr dramatische Darstellungen des gekreuzigten Jesus.

Rechte Seite:
Oberhalb von Schluderns liegt die Churburg vor der beinahe 4000 Meter hohen Kulisse des Ortlermassivs. Die im 13. Jahrhundert erbaute Anlage befindet sich seit 1504 im Besitz der Grafen von Trapp. Sie kann einen Teil des Jahres besichtigt werden, die restlichen Monate werden die alten Mauern noch immer von der gräflichen Familie bewohnt.

In der Churburg erstreckt sich der Loggienhof aus der Renaissance über drei Stockwerke. Im ersten Stock sind die Arkaden mit Fresken ausgemalt und mit Figuren verziert. Auf der schattigen Seite des umlaufenden Ganges steht die gräfliche Kaffeetafel bereit – ein Moment der Ruhe, bevor sich die Pforten wieder für die Besucher öffnen.

Rechte Seite:
Die gräfliche Bibliothek in der Churburg versetzt den Besucher mit ihrer friedlichen Atmosphäre in eine andere Welt. Das Blättern in den alten Folianten bleibt aber der gräflichen Familie von Trapp vorbehalten.

42

Wer am Stilfser Joch in 2756 Metern die Grenze nach Südtirol passiert, wird mit 48 Haarnadelkurven und über 1800 Höhenmetern konfrontiert, bevor er im oberen Vinschgau das Tal der Etsch erreicht. Die zweithöchste asphaltierte Passstraße der Alpen wurde zwischen 1820 und 1826 vom österreichisch-ungarischen Heer erbaut und erfreut sich heute bei wadenstarken Radfahrern großer Beliebtheit.

Rechte Seite:
An einem schönen Tag mag man die Aussicht genießen. Aber die Reste von Stellungen aus dem Ersten Weltkrieg erinnern an eine der perversesten Spielarten menschlicher Aggression: den Hochgebirgskrieg. Zwischen 1915 und 1918 verlief die Südfront zwischen Österreich und Italien über mehr als 100 Kilometer in einer Höhe von über 2000 Metern.

Am Übergang von der Nacht zum Tag legt sich das warme Licht der Sonne auf den Ortler. Noch steht der Mond über dem mit 3905 Metern höchsten Berg Südtirols, der 1804 vom „Pseirer Josele" im Auftrag des Erzherzogs Johann von Österreich erstbegangen wurde.

Das einst weltabgeschiedene Suldener Tal am Fuß von Ortler, Zebrú und Königsspitze, das noch vor 200 Jahren den Beinamen „Sibirien Tirols" trug, hat sich zum weltbekannten Skizirkus gewandelt. In der Zwischensaison und zur richtigen Tageszeit kehrt aber auch im 1907 Meter hoch gelegenen Dorf Sulden Frieden ein.

An Pfingsten führt eine Prozession von Trafoi zu den Heiligen Drei Brunnen unter dem Ortlermassiv. Die Teilnehmer begeben sich in Tracht auf den kilometerlangen Weg. 1229 sah ein Hirte bei Trafoi drei Quellen, die aus einem Felsen entsprangen. Jede trug ein Holzkreuz mit sich. In der Folge entstand an dieser Stelle erst eine Kapelle, später die kleine Wallfahrtskirche Heilige Drei Brunnen.

Viele Bergbauernhöfe an den steilen Hängen des Vinschgaus, wie hier bei Schlanders, waren früher nur zu Fuß zu erreichen. Im Winter polterten aus den Flanken der Ortlerberge die Lawinen. Nicht umsonst hat Aldo Gorfer noch 1973 seine Bestandsaufnahme zum Leben der Bergbauern „Die Erben der Einsamkeit" genannt.

Am Kloster Marienberg zieht das Schliniger Tal gen Westen, um nach wenigen Kilometern auf 1725 Metern Höhe im Dörfchen Schlinig zu enden. Von hier führen die Fußwege in die Berge, vorbei an blühenden Wiesen und Bildstöcken.

51

Der Schnalswaal zwischen Tschars und Juval transportiert über die trockenen Hänge des Sonnenberges das notwendige Wasser. Seinen Verlauf erkennt man schon aus der Ferne durch die üppige Vegetation an den Ufern dieses künstlich angelegten Bachlaufes. Die ehemaligen Versorgungswege entlang der Waale sind heute bei Wanderern wegen des Schattens und der meist geringen Steigungen ausgesprochen beliebt.

Das Anlegen der künstlichen Bewässerungssysteme an den trockenen Hängen des Vinschgaus gestaltete sich mancherorts sehr aufwendig. Am Neuwaal oberhalb von Schlanders wird ein tiefer Einschnitt durch einen ausgehöhlten Baumstamm überwunden. Von einst 135 Waalen am Vinschgauer Sonnenberg sind heute noch etwa ein Dutzend übrig geblieben.

Linke Seite:
Langsam wandern die Farben des Herbstes am Südhang des Etschtals zwischen Naturns und Partschins hinunter. Weinlese, Apfelernte und die oft noch milden Temperaturen bringen viele Reisende in den Vinschgau, bevor der einsetzende Winter die Besucherströme zugunsten der Skigebiete in die Dolomiten verlagert.

Der Vinschgau verbindet große Kontraste auf engstem Raum. Im Talgrund, wie hier um Schloss Kastelbell, wachsen Wein und vor allem Äpfel, einige Stockwerke weiter oben, in den Gipfelregionen der Ortlergruppe, bleibt es stellenweise das ganze Jahr über weiß.

Seite 56/57:
Vom Sonnenberg über Kastelbell schweift der Blick über endlose Plantagen. Heutzutage trägt der Vinschgau den stolzen Titel „Größtes Obstbaugebiet Europas".

Überall im Vinschgau prägen gewaltige Flachbauten das Bild: die Obstgenossenschaften. Jedes Jahr durchlaufen etwa 45 000 Tonnen Äpfel die Anlage von Juval bei Kastelbell, aber man sieht so gut wie keine Menschen. Aus der Sortieranlage schwimmen die Äpfel weiter in die nächste Halle, werden vollautomatisch gebürstet, aus dem Wasser genommen und geföhnt, bevor sie ein letztes Mal geprüft und in Kisten gelegt werden.

Linke Seite:
Die unscheinbare Kirche St. Prokulus in Naturns beherbergt
einen bedeutenden Kunstschatz:
die ältesten Wandmalereien im
gesamten deutschsprachigen
Raum. Sie datieren aus dem
7. und 8. Jahrhundert.

Die Fresken im Inneren der
Kirche St. Prokulus bei Naturns
zeigen Menschen und Vierbeiner.
Berühmt wurde vor allem der
sogenannte „Schaukler", ein in
einer Seilschlaufe schwingender
Heiliger. Bis heute existieren
verschiedene Thesen zu diesem
ungewöhnlichen Fresko.
Wahrscheinlich handelt es sich
um den Heiligen Prokulus bei
seiner Flucht aus Verona.

Linke Seite:

Jedes Jahr im Juni füllen sich die Gehege am Vernagt-Stausee im Schnalstal mit Schafen: Der traditionelle Schaftrieb aus dem trockenen Vinschgau auf die ergiebigeren Sommerweiden im oberen Ötztal steht an. Manche Treiber und Schafe sind bereits seit zwei Tagen zu Fuß unterwegs, andere im Anhänger oder LKW angereist. Am nächsten Tag werden sich etwa 2000 Schafe in Gruppen auf den Weg machen.

Von Laas im Vinschgau zieht sich der traditionelle Almauftrieb der Schafe zunächst die Hänge des Vinschgauer Sonnenbergs entlang und dann weiter über das 2770 Meter hohe Taschenjöchl ins Schnalstal. Elmar Horrer (rechts) organisiert den Schaftrieb seit vielen Jahren.

Seite 64/65:

Der jährliche Schaftrieb führt im Juni vom Vernagt-Stausee im Schnalstal hinauf zum Niederjoch in 3019 Metern Höhe. Bald schon bleiben Wald und Wiesen zurück. Am Ende des Tisentals zieht die Karawane durch eine karge Landschaft auf steilen, in manchen Jahren mit Eis und Schnee bedeckten Pfaden weiter bergwärts. Einige hundert Höhenmeter fehlen noch zum höchsten Punkt dieser Reise.

Über den Tag verteilt passieren Gruppen aus Hirten und Treibern mit jeweils 300 bis 400 Schafen das Niederjoch in 3019 Metern Höhe. Die letzten Schritte bergauf fallen gerade den alten Tieren und den Lämmern schwer. Nach einer Pause in dieser für Schafe sehr gewöhnungsbedürftigen Umgebung geht es dann den Gletscher hinunter nach Österreich – den ersten Halmen auf den Sommerweiden entgegen.

Im September führt der Almabtrieb über das Niederjoch zurück an den Vernagt-Stausee. Dort werden die 2000 Schafe entsprechend ihrer Markierungen sortiert und auf die Gehege verteilt.

Rechte Seite:
Wenn im Herbst die Pamper, die Schafe, unter den lauten „Löck, Löck, Löck"-Rufen der Hirten und Treiber vom Niederjoch herunterkommen, versammeln sich Fernsehteams, Fotografen und Schaulustige. Es riecht nach Gegrilltem und Bier, ein polyphones Blöken liegt über dem Vernagt-Stausee und alle sind froh, dass es wieder einmal gut gegangen ist.

Die Wandelhalle wurde 1864 als Teil der Meraner Winterpromenade erbaut und später im Inneren mit Gemälden Südtiroler Landschaften und Gedenktafeln dekoriert. Noch immer transportiert sie den Charme vergangener Tage. Im Herbst geht es hier beschaulich zu. In wenigen Metern Entfernung fließt die Passer vorbei.

Rechte Seite:
Die Passer teilt Meran und gibt der Stadt im Zentrum Weite. Die das rechte Ufer flankierende, weitläufige Passer-Promenade schmückt sich mit allerlei Palmen und Blumenrabatten und kündet so von der klimatisch bevorzugten Lage der alten Kurstadt.

Linke Seite:

Die im Jugendstil erbaute Postbrücke über die Passer entstand 1909 auf Betreiben der Meraner Geschäftsleute. Sie schuf den dem Handel wichtigen Ostzugang zur Innenstadt. Mittlerweile haben sich weitere Brücken dazugesellt, aber die eleganteste unter ihnen ist sie geblieben.

1914 fertig gestellt, war das Neue Kurhaus in Meran das erste Bauwerk der Stadt, das mit Strom versorgt wurde. Der Wiener Architekt Friedrich Ohmann errichtete ein elegantes Jugendstilgebäude mit einem weitläufigen Ballsaal neben dem im historischen Stil erbauten Alten Kurhaus, das wegen der wachsenden Gästeschar dringend erweitert werden musste.

FÜR GOTT,
KAISER UND
VATERLAND.

Der Kurarzt Dr. Franz Tappeiner ließ 1893 über Meran eine Promenade errichten, die seinen Namen trägt. In den Gärten an und um diesen Tappeinerweg gedeihen mediterrane Pflanzen wie Palmen, Zedern und Zypressen. Rund um die Villa Weiss erinnert noch vieles an die Zeit, als die adlige Welt zu Gast war im Luftkurort mit den 300 Sonnentagen im Jahr.

Am Meraner Bahnhof, an der Andreas-Hofer-Straße, steht die Statue des Tiroler Freiheitskämpfers, der wie kaum ein anderer Protagonist der Tiroler Geschichte überhöht, verklärt, aber auch verhöhnt wurde. Unter seiner Führung kam es 1809 zum Bauernaufstand gegen die bayrischen Besatzer, der erst in der vierten Schlacht am Berg Isel ein bitteres Ende fand.

Die Laubengasse in Meran teilt sich in die dem Küchelberg zugewandten Berglauben und die zur Passer hin gelegenen Wasserlauben. Sie kündet vom Wohlstand einer Zeit, als Meran Hauptstadt und Sitz des Grafen von Tirol war. Heute reihen sich Cafés, Restaurants und Einzelhandelsgeschäfte unter und vor den Arkaden aneinander.

Rechte Seite:
Feinkost Seibstock unter den Meraner Lauben ist eine Institution. Seit Generationen hat sich die Familie Seibstock dem Handel mit feinen Lebensmitteln verschrieben. Schon der Urgroßvater des jetzigen Inhabers betrieb vor den Lauben einen Marktstand, der Großvater konnte ein Geschäft erwerben – der Grundstock für die Familiendynastie war gelegt.

Im Stadtteil Meran-Obermais stehen zwei Adelspaläste dicht bei dicht. Die Verbindung mit dem Weinbau lässt sich bei Schloss Rametz bis zurück ins Jahr 1227 belegen. Heute locken Weinkeller, Restaurant und Weinbaumuseum die Interessierten. Schloss Labers datiert aus dem 11. Jahrhundert und fungiert seit 1885 als Edelhotel in Familienbesitz.

Die touristische Entwicklung Südtirols lässt sich im nahe Meran gelegenen Dorf Tirol ablesen. Das alte Dorf liegt mittlerweile in einem Neubaugürtel, der vor allem den ständig gewachsenen Übernachtungszahlen Tribut zollt.

Linke Seite:

Schloss Tirol, die Stammburg der Grafen von Tirol, wurde um 1100 auf einem Moränenhügel erbaut. Man entschied sich für die dominante Lage oberhalb von Meran und nahm den riskanten losen Untergrund in Kauf. 1640 rutschte dann auch prompt der Nordostteil der Burg in den Köstengraben.

Heutzutage befindet sich in Schloss Tirol ein Museum zur Geschichte des Landes. Die figürlichen Darstellungen um das romanische Portal der Burgkapelle erzählen Bildergeschichten, die bis zu Adam und Eva nebst einer theatralischen Schlange zurückreichen.

Schloss Fahlburg in Prissian gehört zu den Besitztümern der Grafen Brandis. Um 1600 erwarben sie die mittelalterliche Burganlage und ließen sie zu einem Renaissance-Schloss umbauen. Heute gibt es in den alten Mauern ein Restaurant, es finden Ausstellungen und Auktionen statt, es werden Feste und Feiern abgehalten sowie Literaturpreise verliehen.

Zwei viereckige Wohntürme verleihen der Wehrburg bei Prissian eine unverwechselbare Silhouette. Christine und Jakob Holzner haben sie nach und nach behutsam renoviert und in ein stilvolles Hotel umgebaut. Die imposante Lage über dem Eisacktal kombiniert mit individuellen Zimmern und einer gemäßigten Preisgestaltung sorgt für beständiges Leben in den alten Gemäuern.

Während sich die Moderne weit unten im Tal der Dauerbewegung verschrieben hat, stehen die beiden Lesezimmer in der Wehrburg für unvermittelte Entschleunigung. Es riecht nach Holzwachs und alten Folianten und der antike Globus zeigt ein noch merklich weniger menschengeprägtes Bild der Welt.

Altes Kulturland trifft auf noch
älteres Naturland: Hoch über
dem Etschtal, an den Hängen
des Burggrafenamtes zwischen
Meran und Bozen, ist die
Landschaft besiedelt und nicht
zersiedelt. Streuobstwiesen und
Wälder ziehen sich bis zum
Gantkofel.

Das Gasthaus Schmiedlhof in
Grissian wird von Einheimischen
und Fremden gleichermaßen
frequentiert. Der „Schmiedl"
liegt hoch über dem Etschtal wie
in einer anderen Welt. Unter den
alten Bäumen im Garten reicht
der Blick über den Tellerrand bis
zum Rosengarten.

Hinter der Oberglanegg-Alm hoch im Passeiertal verstellt der Gurgler Kamm den Horizont. Bald darauf erreicht man das Timmelsjoch und damit die Grenze zu Österreich. Noch 1973 schrieb Aldo Gorfer über das Leben auf den Bergbauernhöfen, „daß der Abgrund, der diese verkannte Dritte Welt von unseren täglichen Abgasen trennt, durch keine Brücke überwunden werden kann".

Hinter Schönau winden sich die Serpentinen bis zur Passhöhe auf 2509 Metern. Schon im frühen Mittelalter zogen Bauern über das Timmelsjoch ins Ötztal, der Jochweg diente dem kulturellen, wirtschaftlichen und politischen Austausch zwischen den Tälern und war von großer sozialer Bedeutung.

Linke Seite:
Der Ultner Höfeweg zieht am Sonnenhang des Ultentals von Kuppelwies über St. Nikolaus nach St. Gertraud. Immer wieder stehen am Wegesrand die namensgebenden alten Bauernhöfe.

Bei Lana zwischen Meran und Bozen führt das Ultental bis zum Fuß des Ortlermassivs vierzig Kilometer in die Berge hinein. Der Kontrast zwischen dem zersiedelten Etschtal und den Bergbauernhöfen im hinteren Ultental, wie hier am Ultner Sonnenhang bei St. Nikolaus, könnte kaum größer sein.

Der Valschauer Bach fließt bei St. Nikolaus durch eine friedliche Welt. Wälder, Wiesen und vereinzelte Bergbauernhöfe säumen die Hänge. Eine Fahrt in das hintere Ultental mutet an wie eine Reise in eine vergangene, ruhigere Zeit.

Bei St. Gertraud tief im Ultental stehen die Ultner Urlärchen. Man vermutet, dass das Baumtrio, welches sich auf gut 1400 Metern Höhe am Rande eines Bannwaldes gruppiert, mehr als 2000 Jahre alt ist. Mit einer Höhe von bis zu 36 Metern und einem maximalen Stammumfang von über acht Metern haben sie das tausendjährige deutsche Kaiserreich überdauert.

Wenn der Haflinger-Zuchtverein zum Fest bei Kuppelwies ruft, putzt man die Tiere besonders prächtig heraus. Züchter, Halter und Interessierte strömen von weit über das Ultental hinaus zusammen, um die Bewertungen der Schiedsrichter zu hören, Kutsche zu fahren und zu feiern. Mehr als 3000 Tiere sind beim Zuchtverband registriert. Mit seiner blonden Mähne und der geringen Größe wird er seit Jahrhunderten in Südtirol gehalten.

Hauptstadt, Burgen und Wein – Bozen, Sarntal und Unterland

Schon Geheimrat Goethe gab ihr keine Zeit und der Reisende unserer Tage registriert Gewerbegebiete am Rande der Autobahn und drückt aufs Gas: Bozens Außendarstellung gibt sich spröde – die große Stadt des Landes will, dass man trotzdem kommt. Wer in den Panzer eindringt, spürt das Leben – ein Rangeln und Hupen, hastende Menschen und wedelnde Vespas, weniger perfekt her-

ausgeputzte „Gute-alte-Zeit" wie in Meran, Brixen, Bruneck und Sterzing, eher ein „Gestern-trifft-Heute".

1927 wird Bozen Hauptort der Provinz, 1948 Landeshauptstadt. Aber bereits im Mittelalter gilt sie als wichtige Handelsstadt dank ihrer Lage an den Verkehrswegen vom Brenner und Reschen und am Zusammenfluss von Etsch, Eisack und Talfer. Etwa 75 000 der 100 000

Einwohner sind italienischstämmig und machen aus Bolzano „Klein-Italien". In der Bar liest man Corriere della Sera. Umgesiedelt während der Jahre nach 1922 aus dem tiefen Süden waren sie (Sprach-)Fremde im laut Karte eigenen Land.

Mann der Minne

Seit 1889 blickt Walther von der Vogelweide, der große Mann der Minne, über seinen Platz zum gotischen Dom. Um sein Denkmal versammeln sich Italienisch- und Deutschsprachige und das bunte Völkchen der Touristen aus aller Welt. Der Platz des Barden eint die Ethnien, ganz anders als der Siegesplatz mit seinem faschistischen Triumphbogen aus der Ära Mussolini.

Dass die Laubengasse einmal Hauptverkehrsader war, überfordert heute die Fantasie, die dafür kräftig angeregt wird auf der abschließenden Piazza Erbe, dem Obstmarkt. Sechs Tage die Woche arrangieren die Verkäufer dort ein Gesamtkunstwerk. Ums Eck werkelt Cobo. Die alten Fischbänke hat er umfunktioniert

Schloss Runkelstein dominiert unübersehbar den Weg von Bozen in das Sarntal. 1237 auf einem Porphyrfelsen hoch über der Talfer errichtet, immer wieder zerstört und mehrmals erweitert, dient die Anlage heute als Veranstaltungsort und beherbergt den größten profanen Freskenzyklus des Mittelalters.

zur Bruschetteria. Cobo, der Künstler und Anarchist gegen die Stechuhr, öffnet sein Lokal nach seinem ganz persönlichen Rhythmus. „Ich mach nur auf, wenn ich Lust habe, ich bin doch kein McDonalds", sagt er und das Volk goutiert und akzeptiert.

In Bozens Norden, vorbei an Burg Runkelstein, gräbt sich die Straße durch zwanzig Tunnel und erreicht mit dem Sarntal die flächenmäßig größte Gemeinde Südtirols. An den steilen Hängen kleben die Bergbauernhöfe, hier wohnen Mander und Weiberleut, am Sonntag wird Tracht getragen und jeder Sprengel stellt seine Blaskapelle.

Südlich der Hauptstadt geht es hinein in den letzten Zipfel Südtirol, 40 Kilometer lang und 20 Kilometer breit, hinein ins Unterland und das Überetsch. Die Weinstraße verknüpft die Dörfer, Ansitze und Schlösser. Vorbei führt der Weg an Eppan, an St. Pauls mit seinem üppig dimensionierten Gotteshaus, dem „Dom auf dem Lande" mit seinem 86 Meter hohen Turm, vorbei auch an Winzergenossenschaften rechts und links. Unter dem Mendelkamm gedeihen die Trauben bis weit den Hang hinauf. Der Kalterer See formt eine geheimnisvolle Symbiose aus Naturschutzgebiet, Armeegelände und touristischem Rummelplatz. Im Norden

tummeln sich die Surfer, Badenden und Tretbootsportler, im Süden dominieren weite Schilfgürtel, Auwald und Feuchtwiesen.

Wein- und Genussland

Tramin, Kurtatsch, Magreid heißen die bekanntesten Stationen am Weg in den Süden. Weinland allerorten und auch Genussland Südtirol. Bereits 1220 wird der Kalterer Wein urkundlich erwähnt. Beinahe die Hälfte der Südtiroler Rebfläche ist mit Vernatsch bestockt, wenn auch mit fallender Tendenz. Sein Ruf könnte besser sein und selbst wenn die

Önologen beweisen, dass mehr geht mit der Rebe als der Einfachwein vergangener Tage, so wird er es zum internationalen Star wohl nicht schaffen. Die Winzer unserer Tage setzen immer mehr auf international erfolgreiche Gewächse wie Chardonnay, Cabernet, Merlot und dem aus dem Trentino eingewanderten Lagrein.

Wie das Land, so wandert die Küche zwischen den Welten: Da mischen sich deftige Tiroler Gerichte (bereits um 1180 zeigt ein Fresko in der Burgkapelle von Hocheppan zweifelsfrei eine Dame beim Verzehr eines Knödels) mit italienischmediterraner Leichtigkeit, komplettiert durch die klassischen Mehlspeisen aus Österreich. Zahlreiche junge Aufsteiger und alte Hasen haben Südtirol hoch an den europäischen Küchenhimmel gekocht. Man kann, aber muss nicht nach den Sternen greifen, um Lokalitäten zu erleben, bei denen vieles stimmt. Das Gasthaus zur Rose des Arno Baldo in Kurtatsch ist solch ein Platz. Man sitzt in der holzgetäfelten Renaissance-Stube einer ehemaligen Poststation, isst eine die Zutaten zelebrierende, ungekünstelte Küche im besten Wortsinn und selbst die Rechnung gibt keinen Grund zur Irritation. Um es mit Wolfram Siebeck zu sagen: „So würde man kochen, wenn man kochen könnte."

Linke Seite:
Wein, Zypressen und ein ausgesprochen mildes Klima machen den größten natürlichen See Südtirols besonders attraktiv. Sieben Kilometer misst der Rundweg um den Kalterer See, den wärmsten aller Alpenseen.

Direkt um die Ecke vom Bozner Obstplatz, in der Dr.-Streiter-Gasse, finden sich die „Fischbänke". Die originelle Bruschetteria nutzt die Auslagen des alten Fischmarktes als Tische und Tresen und wird sowohl von den italienisch- wie deutschsprachigen Einwohnern der Hauptstadt gerne besucht.

Linke Seite:
Von seinem Podest blickt der
Minnesänger Walther von der
Vogelweide über den nach ihm
benannten Waltherplatz auf die
62 Meter hohe Dompfarrkirche.
Der weitläufige Platz in der
Bozner Altstadt wird von Cafés
flankiert.

Im Inneren wirkt die Bozner
Dompfarrkirche „Maria Himmel-
fahrt" recht schlicht, was auf
mehrere Zerstörungen (die letzte
im Zweiten Weltkrieg) zurückzu-
führen ist. Ihr Bau wurde von
den Bozner Bürgern finanziert.
Sie gehört zu den Gotteshäusern
mit den meisten Sitzplätzen im
Alpenraum und fungiert seit
1964 auch als Bischofskirche
der neu geschaffenen Diözese
Bozen-Brixen.

Kein anderes Gebäude in Bozen polarisiert so wie das faschistische Siegesdenkmal, das als Zeichen des italienischen Sieges über die Österreicher errichtet wurde. Was für viele Deutsch-Südtiroler einen Affront darstellt, dient manchen italienischstämmigen und populistischen Politikern als Ort, um sich zu positionieren und zu provozieren.

Rechte Seite:
Der Obst- und Gemüsemarkt auf dem passend benannten Obstplatz stellt seit langen Jahren eine Dauereinrichtung dar. Bei seiner rasanten Durchquerung Südtirols legte Goethe 1786 in Bozen einen kurzen Stopp ein und verlor bewundernde Worte über die farbenfrohen, opulenten Auslagen.

Arkadengänge rechts und links: Die Lauben sind seit Jahrhunderten Bozens große Flanier- und Einkaufsmeile. Noch immer finden sich hier viele Fachgeschäfte, die sich der Uniformität der Städte heutzutage widersetzen. Die besondere Atmosphäre und zahlreiche Details aus vergangenen Tagen lohnen den Besuch auch ohne Einkaufsambitionen.

Rechte Seite:
Die „Apotheke zur Madonna" hat seit 1443 ihren Platz im Zentrum der mittelalterlichen Stadtanlage Bozens unter den Lauben. Heute steht die authentische Einrichtung in hartem Kontrast zum trendigen Ladenbau mancher Boutiquen in der Nachbarschaft.

Auch wenn es als ausgesprochen unwahrscheinlich gilt, dass Walther von der Vogelweide in Südtirol geboren wurde, trägt der große Platz in Bozens Altstadt seinen Namen. Das Stadtcafé liegt direkt an diesem Waltherplatz. An warmen Abenden (die es in Bozen häufig gibt) herrscht im Inneren Ruhe. Die „Nachtfalter" versammeln sich lieber an den Tischen unter den Arkaden und auf dem Platz.

Cobo, Künstler und zugleich Wirt der Bruschetteria „Fischbänke", ist ein Bozner Original. Er hat in New York und in der Karibik gelebt und als Fernsehmoderator gearbeitet. Sein etwas anderes Lokal kennt keine festen Öffnungszeiten, dafür aber eine feste Stammkundschaft, die den charmanten Derwisch immer wieder gerne besucht.

Linke Seite:
Der Besuch von Burg Hocheppan ist mit Anstrengung verbunden, denn die Anlage kann nur über steile Pfade zu Fuß erreicht werden. Der Blick über Bozen auf die Dolomiten, die berühmte Burgkapelle und eine Jausenstation sind aber ausreichend Gründe, sich auf den Weg zu machen.

Pizzeria bei Gretl am Ufer des Kalterer Sees. Gasthäuser, Tretbootverleihe und der Campingplatz liegen hier eng beieinander. Wer sich aber auf den sieben Kilometer langen, facettenreichen Seerundweg begibt, passiert auch einsame Buschwälder, Schilfgürtel und Reben.

Der Marktplatz von Kaltern gruppiert sich um den barocken Marienbrunnen. Rund um das 7500-Einwohner-Dorf dominiert der Wein, der als „vinum de caldaro" bereits 1220 urkundliche Erwähnung fand.

Rechte Seite:
Der Renaissance-Ansitz „Reich'sches Schlössl" in Kaltern öffnet unter dem prosaischen Namen „Drescherkeller" seine mächtige Pforte, um den Bedürftigen Speise und Trank zu servieren – im Hof zwischen Oleandern, Palmen und Zypressen oder in den original erhaltenen Gewölben.

Castel Ringberg liegt auf dem Gebiet der Gemeinde Kaltern inmitten von Reben über dem Kalterer See. Es wurde von den Habsburgern im italienischen Renaissance-Stil als Jagdschloss erbaut. Heute gehört es als Restaurant und Weingut der Winzerin Elena Walch, die ihren Anteil am Aufschwung der Südtiroler Weine in der jüngeren Vergangenheit hat.

So recht will das Dorf nicht zur
Kirche passen – oder umgekehrt.
Im Weindorf St. Pauls endet der
Kirchturm erst in 86 Metern
Höhe. Das mächtige spätgoti-
sche Bauwerk trägt deshalb
auch den Spitznamen „Dom auf
dem Lande". Von 1484 bis 1533
wurde im Auftrag des in der
Umgebung zahlreich beheimate-
ten Adels an ihr gebaut.

Zwischen Kaltern und dem Kalterer See und weiter in Richtung Süden führt der Weg durch einen einzigen großen Weinberg, der sich teils bis auf 1000 Meter Höhe die Hänge hinaufzieht. Oberhalb von Kurtatsch, unter dem traditionellen Dach der Pergeln, bringt Familie Partli mit ihren Helfern die Ernte ein. Oft kommen Familie und Nachbarn zusammen, um die Arbeit zügig zu erledigen. Meist ist es Vernatsch, die bekannteste Traubensorte Südtirols.

Viel hat sich verändert, seit die Gemeinde Kurtatsch 1904 den alten Ansitz Freienfeld übernahm und der noch jungen Winzergenossenschaft gegen einen jährlichen Pachtzins von 800 Kronen die Nutzung eines Teils des Gebäudes zugestand. Heute lagern die besten Tröpfchen der assoziierten Weinbauern im Barriquekeller der Winzergenossenschaft Kurtatsch und immer wieder prüft der Kellermeister Othmar Donà die Entwicklung der Weine.

Das Gasthaus zur Rose liegt unscheinbar in der Endergasse von Kurtatsch. Das Gebäude datiert aus dem 16. Jahrhundert und fungierte zeitweise als Poststation. Im Inneren tritt der Gast eine Zeitreise an. Die holzgetäfelte Renaissance-Stube mit einem Kachelofen von 1480 dient als „Speisesaal". Arno Baldo hat in der Rose schon seine Kochlehre gemacht und findet heute eine gute Balance zwischen Tradition und modernen Einflüssen. Sogar Wolfram Siebeck war beeindruckt.

Seite 120/121:
Nördlich von Bozen windet sich die Straße durch ausgedehnte Weinberge hinauf zum geneigten Hochplateau des Ritten. Diese typische Sommerfrische mit ihren Gasthäusern und Wanderwegen wird in den heißen Monaten zum Zufluchtsort für Talbewohner und andere Besucher. Am beeindruckendsten zeigt sich die Landschaft aber im Herbst, wenn in den Weinbergen Ruhe eingekehrt ist, sich die Blätter färben und der Rosengarten auf der anderen Seite des Eisacktales durch die klare Luft scheinbar immer näher rückt.

In Lengmoos spiegelt sich das Gasthaus Amtmann in seinem Teich. Eine ländliche Atmosphäre, weite Blicke und angenehm kühle Sommernächte machen das Hochplateau des Ritten bei Einheimischen und Reisenden gleichsam beliebt.

Rechte Seite:
Eigentlich liegt das gewaltige Bergmassiv des Schlern auf der anderen Seite des Eisacktals. Aber an einem beeindruckend klaren Herbsttag verschieben sich die Dimensionen und der tiefe Graben zwischen dem Bauernhof auf dem Ritten und dem 2500 Meter hohen Dolomitengipfel scheint nicht zu existieren.

Linke Seite:

Wo das Hochplateau des Ritten zu den umgebenden Tälern hin abbricht, formt die Erosion, wie hier bei Lengmoos, immer wieder Erdpyramiden. Dabei schützt ein Deckstein aus Granit oder Porphyr das darunter liegende Moränenmaterial aus der letzten Eiszeit. An den Kanten des Plateaus spült das Wasser weicheres Material um diese Decksteine davon und die skurrilen Erdgestalten entstehen.

Überall in Südtirol, wie hier am Ritten bei Saubach, dokumentieren Wegkreuze den tief verwurzelten Glauben der Menschen. Noch immer werden manche von ihnen regelmäßig mit frischen Blumen geschmückt.

Am Durnholzer See spült der Seeb-Bach buntes Laub mit sich. Bald fallen die letzten Blätter und die Schlittschuhläufer werden ihren Weg in den Talschluss von Durnholz antreten, um ihre Kreise zu ziehen.

Hoch oben an der Durnholzer Schattseite hat der Herbst Einzug gehalten. Die Nadeln der Lärchen überziehen den Boden nach und nach mit einer gelben Lasur, der Nebel verhängt sich zwischen den Stämmen und auf den Bergbauernhöfen sind die wichtigen Arbeiten des Jahres abgeschlossen. Der Schnee kann kommen.

Seite 128/129:
Durnholz mit seiner gotischen Pfarrkirche liegt am Rand des Durnholzer Sees. Nur wenige Gebäude stehen in Ufernähe und Fahrzeuge müssen einige hundert Meter unterhalb geparkt werden. So ist der Talschluss bis heute ein friedlicher Flecken geblieben.

Barbara Premstaller melkt die Kühe noch immer von Hand, seit Jahrzehnten schon. Doch sie ist eine Ausnahme. In der Regel haben auch auf den Bergbauernhöfen im Durnholzer Tal die Maschinen Einzug gehalten und erleichtern den Menschen die harte Arbeit.

Der Radler-Hof liegt auf 1700 Metern Höhe auf der Schattseite des Durnholzer Tals. Das Buttern gehört für Barbara Premstaller noch immer zum Tagesablauf. Die Stücke werden geformt, gewogen und verziert. „Ich möchte auch mit meinen gut 80 Jahren noch für etwas nützlich sein", sagt sie.

131

Auf dem Kröss-Hof hoch über dem Durnholzer Tal arbeitet die fast 90-jährige Anna Premstaller am Spinnrad. „Wenn ich mit einer Kuh auf dem Bild bin, höre ich von meinem Mann Gottfried ‚Was für eine schöne Kuh‘, und wenn ich am Spinnrad sitze, ‚Was für ein schönes Spinnrad‘", sagt sie und verzieht keine Miene.

Den Sommer verbringen Maria und Josef Trenkwalder noch immer auf der Moarötz Alm über dem Durnholzer Tal. Sie versorgen das Vieh und abends steht das Buttern an. Heutzutage kommt aber nur noch in Ausnahmefällen das traditionelle Butterfass zum Einsatz.

Noch immer findet sich in den Stuben der Bergbauernhöfe im Sarntal ganz selbstverständlich der Herrgottswinkel. Oft genug haben sich über die Jahre unterschiedlichste, manchmal auch recht kuriose Devotionalien angesammelt.

Der gut 80-jährige Gottfried im Durnholzer Tal erzählt, dass zu seiner Schulzeit der Unterricht auf italienisch abgehalten wurde, zu Hause aber immer deutsch Umgangssprache war und bis heute ist. So hat er die eigene Sprache nie schreiben gelernt und tut sich mit der Rechtschreibung entsprechend schwer.

Wer glaubt, die Prozessionen in Südtirol seien nur noch Spektakel, wird nicht nur im Sarntal eines Besseren belehrt. Auch wenn Fronleichnam als Feiertag abgeschafft und auf den nachfolgenden Sonntag verlegt wurde, halten die Sarner unbeirrt die Prozessionen ab. Im Durnholzer Tal nimmt die Bevölkerung noch nahezu geschlossen daran teil und schon früh am Morgen werden in den Stuben die Trachten angelegt.

Linke Seite:

Zweimal im Jahr kommen die Farben ins Durnholzer Tal. Im Frühjahr durch die blühenden Wiesen und im Herbst durch das Gelb und Rot der Blätter und Nadeln um die verstreut liegenden Bergbauernhöfe unter den Gipfeln der bis zu 2800 Meter hohen Sarntaler Alpen. Oft bringt dieser Herbst noch einmal klare Tage, bevor der Wind die Bäume kahl fegt und es Zeit wird, an den Winter zu denken.

Bei Pens auf dem Weg zum Penser Joch blüht eine Frühlingswiese in allen Farben – ein Anblick, der rar geworden ist. Heute dominiert meist der Löwenzahn.

Linke Seite:
Hoch oben in den Sarntaler Alpen, in einer Höhe von 2100 Metern, liegt das Pfattner Albl zwar weit weg vom Rest der Welt, aber die Entbehrungen halten sich in Grenzen. Das Wasser kommt aus der eigenen Quelle, Solarkollektoren liefern Strom und ein Holzherd dient als Kochstelle und wärmt an den im Oktober empfindlich kühlen Abenden.

Ganz links oben:
Mitte Oktober auf einer Alm in den Sarntaler Alpen: Es war ein gutes Jahr für Preiselbeeren und die bodennahen Büsche hängen voller Früchte. Mit einer „Preiselharke" lassen sich die Beeren problemlos abstreifen.

Ganz links:
Es ist angerichtet: Eine Marende, eine Brotzeit aus Käse, Vernatsch und Südtiroler Brot liegt auf der Almhütte „Pfattner Albl" bereit.

Links:
Nahe der auf 2100 Metern gelegenen Pfattner-Albl-Hütte wirkt eine in den Stamm eines abgestorbenen Baumes geschnitzte Madonna wie ein Sinnbild für die Nähe zum Himmel.

Die untergehende Sonne färbt den Himmel über dem Ortlermassiv in kräftigen Gelb- und Rottönen – ein Anblick wie eine Fototapete, als abendliches Schauspiel dargeboten bei einem Almaufenthalt in den Sarntaler Alpen.

Rechte Seite:
In der kurzen Zeitspanne zwischen Tag und Nacht liegt eine blaue Stimmung über dem Pfattner Albl und den umgebenden Sarntaler Alpen. Der Blick reicht bis zu den Gletscherkuppen des Ortlermassivs am Horizont. Nach einem sonnigen Herbsttag nähert sich das Thermometer wieder dem Gefrierpunkt, aber in der Almhütte verbreitet der Holzherd eine angenehme Wärme.

Die Sarntaler Alpen liegen im Windschatten der bekannteren Bergregionen Südtirols. Neben viel Frieden bieten sie weite Blicke auf die berühmteren Gipfel. Vom Grat unterhalb der Getrumspitz begrenzt der verschneite Alpenhauptkamm den Blick Richtung Norden.

Rechte Seite:
Von Latzfons waren wir über eine gewellte Almenlandschaft zur Radlsee-Hütte aufgestiegen. Anfang Oktober hatten wir die Matratzenlager ganz für uns alleine. Auch den Blick auf die Dolomiten und zum Alpenhauptkamm wollte sich am nächsten Morgen vom 2439 Metern hohen Gipfel des nahe gelegenen Königsanger niemand mit uns teilen.

144

Ulrich Thaler führt in der dritten Generation die Federkielstickerei Johann Thaler in Sarnthein. Hier wird nur mit aufgesplitteten echten Pfauenfedern gearbeitet. Ein Faatsch, der bestickte Trachtengürtel, gehört neben dem Krax, den Hosenträgern, zur festen Ausstattung der Sarner „Mander", der Männer. An einem prächtig verzierten Faatsch arbeitet Ulrich Thaler zwischen 100 und 180 Stunden. Neben den klassischen Trachten-Accessoires ergänzen heute auch bestickte Geldbörsen und Schlüsselanhänger das Sortiment. Das Interesse ist groß, das Familienunternehmen auf Monate im Voraus ausgebucht.

Josef Unterkalmsteiner, genannt das „Schusterle", betritt seine Werkstatt in Reinswald nur noch sporadisch. Über Jahrzehnte hat er hier Kospn hergestellt, robuste Schuhe mit einer beschlagenen Holzsohle. Doch seine Augen haben nachgelassen und so hat er aufgehört zu arbeiten. Heute wirkt seine „kleine Werkschau" im hinteren Durnholzer Tal fast wie die Ausstellung in einem Heimatmuseum. Und tatsächlich werden die Arbeitskospn und die bestickten Sonntagsmodelle nur noch wenig getragen.

Viele Bauern suchten für die langen Winter eine Betätigung, um die dunkle Jahreszeit finanziell zu überstehen. Josef Premstaller kam die Idee, das traditionelle Handwerk des Besteckmachers neu zu beleben. Schritt für Schritt entsteht in und vor seiner winzigen Werkstatt in Sarnthein ein Sarner Messer. Bis hin zur Messerschneide ist alles Handarbeit und ein echtes Einzelstück. Außerdem gibt es allerhand Accessoires aus Horn.

Wenn in Sarnthein, dem Hauptort des Sarntals, Anfang September für ein langes Wochenende der Sarner Kirchtag gefeiert wird, nehmen manche Besucher weite Wege auf sich. Von der frühmorgendlichen Prozession bis zum nächtlichen Fackelumzug reicht das Programm, das auf dem Festplatz erst tief in der Nacht ausklingt. Als Höhepunkt findet am Sonntagnachmittag der große Umzug statt. Die Blasmusik spielt auf, alle Teilnehmer tragen die traditionelle Sarner Tracht und jeder putzt sich heraus, so gut er kann.

Der Sarner Kirchtag zieht Anfang
September auch eine große
Besucherschar für ein langes
Wochenende in das sonst eher
beschauliche Sarntal. Die
Prozession findet früh am
Sonntagmorgen statt: Jung und
Alt tragen die Sarner Tracht,
bestickte Fahnen leuchten in der
frühen Sonne und fast könnte
man glauben, dass ein kleines
Tal im Herzen Südtirols irgend-
wann beim ewigen Umblättern
des Kalenders nicht länger
mitgemacht hat.

Linke Seite:
Der Viehmarkt am Sonntagmorgen bildet einen traditionellen Bestandteil des Sarner Kirchtags. Da wechseln Schweine, Rinder, Schafe, Pferde und Hühner den Besitzer, italienischsprachige Interessenten treffen auf deutschsprachige Sarner Verkäufer und oft werden die Geschäfte bei einem Glas Vernatsch vor den ambulanten Kneipen am Festplatz ausgehandelt und besiegelt.

Im Sarntal gibt es zahlreiche Haflinger-Züchter und so sind die Pferde beim Sarner Kirchtag gut vertreten: Sei es zum Verkauf beim Viehmarkt oder als geschmückte Teilnehmer einer der farbenfrohen Trachtenumzüge.

Von Tälern und Bergen – Pustertal, Eisacktal und Dolomiten

Mit neun verlor er beim Spielen das rechte Auge. Es blieb sein unauslöschliches Kennzeichen. In die Jahre zwischen 1377 und 1445 packte er ein Leben, prall für drei: der einäugige Ritter und Dichter Oswald von Wolkenstein. Bei Waidbruck, über dem zerfurchten Tal der Eisack, lehnt sich die mächtige Trostburg an den Hang. Hier wuchs er auf. Begraben soll er nördlich von Brixen sein – im Kloster Neustift. Zu Füßen seiner Burg, im Grund des Eisacktals, hat sich die Szene seither gründlich verändert. Wo Kaiser Claudius weniger als 50 Jahre nach Christi Geburt eine Römerstraße über den 1370 Meter hohen Brenner anlegen ließ, verkehrt seit 1867 der Zug und seit 1971 verbindet die Autobahn über 62 Brücken und Viadukte und durch 27 Tunnels die Passhöhe mit Bozen, immer neben oder über der Eisack, dem mit 95 Kilometern zweitlängsten Fluss Südtirols.

Sterzing steht von Norden kommend als erste Kleinstadt am Wege. Silberfunde im Ridnauntal machten nicht nur die anwesenden Fugger reich, sondern auch das Städtchen. Und als 1443 die Altstadt abbrannte, errichtete man die Neustadt, die noch heute so heißt, obwohl sie aus dem Mittelalter stammt. Weiter südlich folgt Brixen, die älteste städtische Siedlung Tirols, heute drittgrößte Stadt des Landes. Mehr als tausend Jahre lang war sie Bischofssitz und erst 1964 siedelte der Bischof nach Bozen über. Domplatz, Große und Kleine Lauben, Cafés und

Restaurants signalisieren Süden, und so fühlt es sich oft auch an.

Hinauf von Brixen Richtung Südwesten bleibt der Talgrund, dieses Sandwich aus Straßen, Eisenbahn und Fluss schnell zurück. Dort oben in Feldthurns schreiben Edith und Norbert Blasbichler ihre eigene kleine Geschichte gegen das Diktat von Effizienz, Praktikabilität und Norm. Auf dem Radoar-Hof zeigen sie, dass nicht alles sein muss, was gemeinhin Fortschritt heißt. Bei ihnen wachsen Äpfel und Trauben nach Bioland-Richtlinien und sie gedeihen prächtig und schmecken auch so.

Bergberühmtheiten

In Feldthurns dominieren bereits die Dolomiten auf der anderen Talseite das Bild, und am Latzfonser Kreuz, an dem eine der höchsten Wallfahrtskirchen Europas in 2300 Metern Höhe liegt, besser noch von der Kassianspitze darüber, reiht sich die Kette der Berühmtheiten am östlichen Horizont: Geisler, Sella, Langkofel, Schlern, Rosengarten und Latemar, das Spalier der laut Le Corbusier „schöns-

Wo zunächst eine ottonische Kirche, gefolgt von einem romanisch-gotischen Münster stand, prägt heute der Dom das Brixner Stadtbild. Die renommiertesten Baumeister und Künstler ihrer Zeit kreierten zwischen 1745 und 1758 ein barockes Meisterwerk, das die Stadt noch immer überragt.

ten Architektur der Welt". Über 60 Kilometer von Nord nach Süd und über 75 Kilometer von West nach Ost erstrecken sich die Dolomiten. Höchster Punkt: die Marmolada mit 3343 Metern. Die in unseren Tagen stark strapazierte Große Dolomitenstraße, 1909 nach vier Jahren Bauzeit eröffnet, führt über 110 Kilometer von Bozen über das Eggental und den Karerpass ins Fassatal und von dort über das Pordoijoch und den Falzarego nach Cortina d'Ampezzo. Ihren Namen erhielten die „bleichen Berge" als der französische Geologe Deodat de Dolomieu auf einer Forschungsreise 1789 ein unbekanntes Gestein fand, das man in der Folge nach seinem Entdecker Dolomit benannte.

Land der Ladiner

Mittendrin, um die Sella und hinein ins Grödner-, Gader- und manches Seitental erstreckt sich das Land der Ladiner. Irene Clara unterrichtet an der Grundschule in Corvara. Die Schilder sprechen drei Sprachen, tief zwischen den Bergen, und die Kinder und ihre Lehrer an der Grundschule von Corvara sogar vier: ladinisch, deutsch, italienisch und englisch. Das mag identitätsstiftend sein oder einfach nur schwierig. Zuhause in Campill, das eigentlich Lungiarü heißt,

auf dem Colhof, stellt sich die Frage nicht. Hier sprechen sie das dem Rätoromanischen zugerechnete Ladinisch – Irene, ihre Geschwister, die Eltern, die Oma und die Nachbarn.

Von Brixen zieht das Pustertal gen Osten. Beim schmucken, lebendigen Bruneck zweigen Tauferertal mit Ahrntal, weiter östlich Antholzer- und Gsiesertal nach Norden ab. Sie liegen abseits des Rummels um Kronplatz, Pragser Wildsee und Drei Zinnen. Weiter in östlicher Richtung erreicht man über Toblach, Innichen und Sexten am Kreuzbergpass einmal mehr die Landesgrenze. Doch davor schon, bei Toblach, knickt das Höhlensteintal ab und vorbei an Toblacher- und Dürrensee strömt der Zug der Pilger hinauf zum Berggral der Dolomiten. Spät am Morgen setzt sie dann ein, die Nordwandprozession zur magischen Silhouette der Drei Zinnen. Wer Bergeinsamkeit bedrohlich findet, sollte im Sommer pilgern. Im Herbst aber, wenn die Tage kurz werden und kühl und die Drei-Zinnen-Hütte Fenster und Türen verrammelt hat für den Winter, wenn der erste weiße Puder auf den Wegen liegt und die Dämmerung kommt, steht man manchmal ganz alleine vor dieser unwirklichen Szene, ergriffen, und will nicht gehen oder wenigstens gleich wiederkommen.

Linke Seite:
Das warme Licht der aufgehenden Sonne zieht die Hänge der Marmolada hinunter. Dieser mit 3343 Metern höchste Gipfel der Dolomiten bricht auf der Südseite mit einer bis zu 800 Meter hohen Steilwand ab, während auf der Nordseite der einzig nennenswerte Gletscher der Dolomiten den Blick auf sich zieht. Die Marmolada wurde 1864 von Paul Grohmann über die Nordroute erstbegangen.

Das Bauernhaus in Unterwielenbach im Pustertal beweist, dass es neben den allgegenwärtigen Geranien durchaus andere Blumen gibt, die sich zum „Balkoneinsatz" eignen. Mit einem grünen Daumen und viel Engagement wandelt sich so die Fassade des alten Gebäudes in einen hängenden Garten.

Hoch über dem Eisacktal in den Sarntaler Alpen liegt in 2300 Metern die höchste Wallfahrtskirche Südtirols am Latzfonser Kreuz. Im Sommer wird in ihrem Inneren der sogenannte „Schwarze Herrgott" aufbewahrt, der viele Pilger anzieht. An einem klaren Oktobertag reicht der Blick über das Eisacktal auf die Dolomiten mit den charakteristischen Spitzen der Geislergruppe.

Rechte Seite:
Das Vieh ist längst abgetrieben und auf den Almen über Latzfons hat die Ruhe Einzug gehalten. Spät im Oktober liegen die Südtiroler Dolomiten zum Greifen nah auf der anderen Seite des Eisacktales. Sella, Langkofel, Plattkofel, Rosengarten und Marmolada bilden ein Spalier aus unverwechselbaren Berggestalten.

Linke Seite:
Hinter dem Ort Latzfons ziehen sich Wälder und Almen bis hinauf in die kargen Gipfelregionen der Sarntaler Alpen. Schon im September kann es dort schneien und im Oktober verfärben sich die Lärchen und Laubbäume um die Bergbauernhöfe. Von der rasanten Betriebsamkeit im Grund des Eisacktals bleibt hier oben nichts als eine Ahnung. Am Osthang des Eisacktales oberhalb von Feldthurns fühlt man sich wie auf einer Aussichtsplattform. Weit unten fließen die Eisack und der Verkehr, darüber steht der Sägezahn der Dolomiten und im Süden präsentiert das Rittner Horn den ersten Herbstschnee.

Seite 166/167:
Den besten Blick auf die charakteristischen Gipfel der Dolomiten hat man von der anderen Seite des Eisacktals. Bei Feldthurns schaut man über diesen tiefen Graben auf die herbstlichen Hänge um das Dorf Teis. Dahinter steigt der Sägezahn der Geislerspitzen mit Sass Rigais und Furchetta auf bis zu 3025 Meter an.

Beim Radoar-Hof in Feldthurns über dem Eisacktal helfen die Nachbarn bei der Apfelernte. Der junge Bauer Norbert Blasbichler bewirtschaftet seine Plantagen nach Bioland-Richtlinien. Im Herbst bieten Norbert und seine Frau Edith den Wanderern auf dem am Hof vorbeiführenden Keschtn-Weg eigene Weine, Säfte und geröstete Kastanien an.

Rechte Seite:
Beim herbstlichen Törggelen auf dem Glanger-Hof in Feldthurns stammt das Brot aus dem kleinen Backhaus, der Käse von der Alm und der Wein von den eigenen Reben. So war es einmal die Regel – heute wird es mehr und mehr zur Ausnahme.

168

Selbst wer Südtirol auf seiner Reise Richtung Süden schnellstmöglich durchquert, registriert bei Klausen ein dominant auf einem Felssporn gelegenes Gemäuer über dem Talgrund. Schon im 6. Jahrhundert entstand 200 Meter über der Eisack der Sitz des Bistums Säben und bis heute lässt sich dieses Kloster nur zu Fuß erreichen.

Auch am Rande des durch den Verkehr stark strapazierten Eisacktales finden sich pastorale Szenen. Nur die akustische Kulisse im Hintergrund stört beim Anblick der herbstlichen Reben um Schrambach.

171

Linke Seite:
Das Ufer der Eisack begrenzt in Kombination mit dem Großen und Kleinen Graben das alte Wohnareal der Brixner Bürger. Heutzutage zeigt sich der vor langen Jahren zugeschüttete Große Graben als weitläufige, baumbestandene Flaniermeile, die in der von Gassen geprägten Innenstadt Brixens einen luftigen Akzent setzt.

Am ausgedehnten Domplatz von Brixen liegen nicht nur der namensgebende Sakralbau und die Michaelskirche, sondern auch das romanische Rathaus der Stadt. Die recht kompakte Brixner Altstadt gehört zu den schönsten im ganzen Land und bietet reichlich Gassen, Winkel und Plätze.

173

Der Kreuzgang des Brixner Doms gilt als das „bedeutendste Denkmal alpenländischer Malerei" und hat die Barockisierung unbeschadet überdauert. Er setzt sich aus 20 Arkaden zusammen. Bei 15 davon sind Wände und Gewölbe vollständig mit Fresken bemalt. Sie zeigen dem Betrachter die Formen- und Bildwelten des Mittelalters. Die Ausmalung durch einheimische Künstler zog sich über mehr als ein Jahrhund-ert hin und repräsentiert die Entwicklung gotischer Malerei in Tirol.

Seit dem 11. Jahrhundert treffen die Großen und die Kleinen Lauben in Brixen im rechten Winkel aufeinander. Unter den Arkaden auf beiden Seiten reihen sich Cafés, Gasthäuser und eine bunte Mischung aus Fachgeschäften. Auch nach Geschäftsschluss geht es hier oft ausgesprochen lebendig zu.

Rechte Seite:
Adelspalais und Bürgerhäuser säumen die Kleinen Lauben im Zentrum der Altstadt von Brixen. Die recht geringe Straßenbreite in der heutigen Fußgängerzone wird durch die Arkadengänge auf beiden Seiten mehr als verdoppelt.

Das Augustiner-Chorherren-Kloster Neustift besitzt etwa 1000 Hektar eigene Ländereien. Davon sind allerdings lediglich 100 Hektar landwirtschaftliches Nutzland, auf dem vor allem Äpfel und Wein gedeihen. Die Stiftskirche von Kloster Neustift wurde zwischen 1734 und 1738 barockisiert. Der Klostergarten öffnet dem Besucher nur zeitweise seine Pforten. In seinen Mauern findet man eine stille, blühende Enklave mit Brunnen, Themen- und Kräutergarten.

Rechte Seite:
Die Bibliothek von Kloster Neustift beherbergt mehr als 70 000 Bücher aus unterschiedlichsten Fachgebieten, darunter wertvolle mittelalterliche Handschriften. Der opulent mit Stuck verzierte, zweigeschossige Rokokosaal ist einer der beeindruckendsten Räume der gesamten Anlage.

Linke Seite:

Am Westhang des Eisacktals über der Gemeinde Waidbruck bewacht die im Jahr 1173 erstmals urkundlich erwähnte Trostburg den Eingang in das Grödner Tal. Die mittelalterlichen Mauern wurden während der Renaissance ausgebaut. Bis heute lebt dort Theresa Gröber, deren Großeltern bereits unter dem alten Adelsgeschlecht der Wolkensteins gedient hatten. Sie organisiert für das Südtiroler Burgeninstitut die Führungen und kümmert sich um die Ländereien.

Der einäugige Ritter und Dichter Oswald von Wolkenstein soll einen Teil seiner Kindheit in der Trostburg verbracht haben. In die zunächst ungeheizte gotische Stube (um 1400) mit ihrem dreifachen hölzernen Tonnengewölbe wurde im 17. Jahrhundert ein grün lasierter Kachelofen eingebaut.

Linke Seite:
Bruneck bildet seit der Gründung im 13. Jahrhundert das wirtschaftliche und politische Zentrum des Pustertals. Im historischen Kern überragt der Turm der Kirche St. Katharina am Rain den Stadtteil Oberragen.

Die geschwungene Flaniermeile Brunecks, die Stadtgasse, wird auf beiden Seiten von Toren begrenzt: im Osten durch das zum gleichnamigen Stadtteil führende Oberragentor und hier im Westen von dem mit Fresken verzierten Ursulinentor.

183

Linke Seite:

Die Stiftskirche in Innichen gilt als bedeutendster romanischer Kirchenbau Tirols. Zuerst entstand nach 769 ein Kloster zur Missionierung der Slawen, dann eine Kirche, die um 1200 abbrannte. Schließlich wurde 1284 die heutige dreischiffige Anlage mit einer ebenfalls dreiteiligen Apsis eingeweiht.

Im Inneren der Stiftskirche von Innichen zieht die monumentale romanische Kreuzigungsgruppe den Blick auf sich. Sie stammt aus der Zeit um 1250 und blieb in ihrer ursprünglichen Form erhalten. Entgegen der üblichen Darstellung als Leidenden zeigt sie Jesus als gekrönten Herrscher.

185

Linke Seite:
Durch das Gsieser Tal zog einst
allerhand illegaler Grenzverkehr
über das 2205 Meter hoch
gelegene Törl ins österreichische
Defreggental, nachdem sich
1919 die Grenze geschlossen
hatte. Heute sind die Schmuggler
arbeitslos und das Gsieser Tal
wirkt vollkommen friedlich.

In St. Magdalena, ganz oben
im Gsieser Tal, schmückt sich
ein alter Bauernhof mit Blumen
und davor blüht eifrig der
Bauerngarten. Die Täler nördlich
des Pustertales sind immer noch
relativ einsam gelegen.

187

Linke Seite:
Das Antholzer Tal zieht vom Pustertal Richtung Norden und führt über den Staller Sattel weiter nach Österreich. Kleine Dörfer, der Antholzer See und alte Höfe mit Bauerngärten vermitteln ein friedliches Bild.

Wenn der Winter naht und der jährliche Almabtrieb von der Langenalpe ins Antholzer Tal hinunterführt, tragen die Rinder mancherlei die Nackenmuskulatur fordernden Kopfschmuck.

189

Linke Seite:
An einem windlosen Morgen spiegeln sich Wildgall und Hochgall, die deutlich über 3000 Meter hohen Vorzeigeberge des einsamen Naturparks Rieserferner-Ahrn, auf der Oberfläche des Antholzer Sees. Von hier sind es nur noch wenige Kilometer bis zur österreichischen Grenze.

Über Sand in Taufers dominiert Burg Taufers den engen Eingang ins Ahrntal. Im 13. Jahrhundert erbaut, fiel das mächtige Gemäuer mit seinen 64 Zimmern 1340 an die Grafen von Tirol und diente einige Zeit als Gerichtsort. Heute gehört der Granitbau dem Südtiroler Burgeninstitut.

Linke Seite:
Viele betrachten seine Spiegelung im Karersee, aber der zerklüftete, 2842 Meter hohe Latemar steht bei den Besuchern deutlich im Windschatten der Dolomiten-Berühmtheiten Rosengarten, Sella und Schlern. Seine höchste Erhebung, der Diamantidi-Turm, wurde bereits 1885 von Gustav Euringer erstbegangen.

Der Name Latemar stammt von der alten ladinischen Bezeichnung „Cresta de Lac-te-Mara", was sich mit „Bergkamm über dem See im Kar" übersetzen lässt. Der Bergstock besteht zum größten Teil aus Sedimentgestein, das mit Lagen aus versteinerten Korallenriffen und solchen vulkanischen Ursprungs durchzogen ist.

Seite 194/195:
Zwischen Eisacktal und Dolomiten breitet sich Völs am Schlern auf einer fruchtbaren Hochfläche aus. Fremdenverkehr hat auf diesem Plateau unter dem Schlerngipfel eine alte Tradition. So hat schon Henrik Ibsen diese Sommerfrische immer wieder besucht.

Linke Seite:
Nahe Seis streckt vor der Kulisse des Schlern die Kirche St. Valentin ihren Zwiebelturm in den Himmel. Außen und innen bedecken Fresken aus dem 14. und 15. Jahrhundert die Wände.

Anfang Juni, am Samstag vor dem jährlichen Oswald-von-Wolkenstein-Ritt, ruft Kastelruth zum Eröffnungsumzug, an dem Reiter, Musikkapellen und Trachtenträger aus mehreren Generationen teilnehmen. Am Sonntag starten dann die vierköpfigen Teams ab sieben Uhr morgens von der Trostburg, um über den Tag verteilt in Kastelruth, Seis, Völs und vor Burg Prösels je eine reiterische Geschicklichkeitsübung zu absolvieren.

197

An der Sela Palacia zwischen Plattkofel und Schlern grast ein Haflinger mit einem weiten Blick über die Seiser Alm. Solch eine perfekte Idylle wirkt fast schon arrangiert.

Rechte Seite:
Über der Seiser Alm, der mit 57 Quadratkilometern größten Hochalm Europas, erhebt sich im Westen der Bergstock des Schlern mit der emblematischen Santnerspitze. Zusammen mit dem Rosengarten wurde das Ensemble 1975 zum Naturpark erklärt. Auf Höhen zwischen 1680 und 2350 Metern grasen hier robuste Kühe.

Seite 200/201:
Auf dem kargen Schlern-Hochplateau in 2457 Metern Höhe hat sich die Alpenvereinssektion Bozen mit den Schlernhäusern ein Denkmal gesetzt. Von dort oben reicht der Blick an klaren Tagen weit in den Westen – zur großen Gipfelschau im Ortlermassiv.

Den ganzen Tag hatte es gestürmt und geregnet. Als sich kurz vor Sonnenuntergang die Wolken hoben, stand der Rosengarten wie eine Erscheinung im letzten Abendlicht. Seine rötlich leuchtenden Pfeiler, Zinnen und Schrunden lassen den Betrachter unweigerlich an die alte Sage um das unterirdische Reich des Zwergenkönigs Laurin denken.

Über der Seiser Alm, zwischen Plattkofel und dem Hochplateau des Schlern, liegen die ausgesprochen kariösen Roßzähne. Diese Welt aus zerfurchten Türmen zieht sich bis auf 2653 Meter. Über den Maximiliansteig, einem gesicherten Klettersteig, lassen sich die Scharten und Pfeiler genauer erkunden.

Über der Seiser Alm und unter den Roßzähnen steht die Hütte Tierser Alpl. In unmittelbarer Nähe hat sich mit Rosengarten, Schlern, Lang- und Plattkofel ein Teil des „Hochadels" der Südtiroler Dolomiten versammelt und so zieht an guten Tagen eine veritable Wanderer-Karawane auf und sorgt vor und hinter den Kulissen der 1963 eröffneten Hütte für Betriebsamkeit.

Rechte Seite:
Die Scharte oberhalb der Tierser-Alpl-Hütte wird an klaren Tagen zur Loge für ein weites Dolomiten-panorama. Von links nach rechts reihen sich Geislerspitzen, Puez-Gruppe, Langkofel, Plattkofel und Sella aneinander.

In den Dolomiten geht die opulente Welt der Almen oft unvermittelt über in karge Kalkklippen. Hier blühen auf den Wiesen unter den schroffen Wänden des Rosengartens die Trollblumen. Ein Anblick, der symbolhaft für Südtirol steht, wo Fülle und Kargheit immer wieder auf engstem Raum zusammentreffen.

Der Rosengarten erstreckt sich auf einer Länge von acht Kilometern zwischen dem Tierser Tal im Osten und dem Fassatal im Westen. Der Kesselkogel steigt als höchster Punkt auf 3004 Meter an. Direkt unter dieser nur noch von Spezialisten bewohnten, vertikalen Welt finden Pferde und Ponys auf den Almwiesen Nahrung in Hülle und Fülle.

Linke Seite:
Beim Aufstieg von der Tierser-Alpl-Hütte über den 2598 Meter hohen Molignonpass in die von Schuttkaren geprägte Welt des zentralen Rosengartens lohnt der Blick zurück. An klaren Tagen reihen sich Puez-Gruppe, Langkofel, Plattkofel und Sella zum Dolomitenpanorama.

In das „Gartl" unter den Vajolett-Türmen hoch im Rosengarten legt die Sage das unterirdische Reich des Zwergenkönigs Laurin. Aus der Laurinscharte schaut man über Piogerkamm, Plafetsch und Söllnspitze hinüber zum Hochplateau des Schlern und an manchen Tagen weiter bis zu den Gipfeln im Alpenhauptkamm.

Das Val Gardena, wie das Grödner Tal auf ladinisch heißt, zieht vom Eisacktal hinauf unter den massiven Felsriegel der Sella. Schilder, wie hier am Sellajoch, begrüßen die Reisenden auf dem Weg nach St. Ulrich, St. Christina oder Wolkenstein und zeigen, dass man sich in das Tal der Holzschnitzer begibt, die hier in stattlicher Zahl an der Arbeit sind.

Rechte Seite:
Grau trifft rot: Im Frühsommer blühen flächendeckend die Alpenrosen zwischen dem Grödner Joch und Corvara unter den zerklüfteten Wänden der Sella.

Im Hochgebirge gibt der Herbst nur ein kurzes Intermezzo. Vor der Kulisse der Sella mit Bindelturm und Sas dla Luesa haben die Lärchen ihren großen Auftritt. Aber die Temperaturen fallen beständig und bald wird sich der Schnee über die dann kahlen Bäume legen.

Rechte Seite:
Der massive Bergstock der Sella dominiert den Osten der Südtiroler Dolomiten. Auf 3152 Metern erreicht er mit dem Piz Boè seinen höchsten Punkt. Nahe der Baumgrenze liegen oberhalb von Arabba die letzten von Wind und Wetter gegerbten Almhütten, bevor der Dolomit beginnt.

Im Winter zieht die Umrundung der Sella auf Skiern, die sogenannte Sella Ronda, Ambitionierte aus aller Welt an. Doch sobald der Schnee sich in die Hochlagen zurückzieht, gehört die Runde den Radfahrern, Autos und Motorrädern. Morgens kurz nach Sonnenaufgang herrscht aber selbst am Grödner Joch noch absolute Ruhe.

Rechte Seite:
Auf den ersten Blick scheint die Sella den Kletterern vorbehalten zu sein. Aber einige Täler ermöglichen auch dem Wanderer den Aufstieg. Das Mittagstal zieht sich weit hinein in diesen mächtigen Bergstock. Nicht weit vom Talschluss stehen die Felstürme Bech de Mesdì und Dent de Mesdì.

Linke Seite:
Kommt der Nachtfrost, geht es auf einmal schnell: Bei Lajen überzieht der Herbst die Hänge des Grödner Tals mit einer intensiven Palette aus Gelb- und Rottönen. Bald wird der Schnee von den Gipfeln der Sella und des Langkofels aus nach unten ziehen.

Hoch über dem Grödner Tal, bei Lajen, setzt ein alter Kirschbaum einen weithin sichtbaren Akzent. Die mehr als 3000 Meter hohen Gipfel von Sella und Langkofel wirken im Hintergrund wie eine unwirkliche Erscheinung.

Linke Seite:
1600 Meter hoch in der Felswand der Stevia am Eingang des Langentals in das Grödner Tal liegt die Ruine der Burg Wolkenstein. Viel ist von ihr nicht geblieben: Nach 1525 wurde sie im Bauernkrieg zerstört. Die schütteren Reste ducken sich unter einen natürlichen Felsüberhang.

Wer die Bergidylle sucht, sollte das Grödner Joch im Sommer dringend meiden, denn eine nahezu endlose Schlange aus motorisiertem Gefährt drängt sich von morgens bis abends über die Passstraße.

Tief im Villnösstal, in St. Magdalena, wurde Reinhold Messner geboren. Der Blick auf die nahen Geislerspitzen hat seine alpinistische Karriere fraglos beflügelt. Heute kümmert man sich im Tal um eine nachhaltige touristische Entwicklung und ist in den Naturpark Puez-Geisler integriert, der sich mit einer Fläche von mehr als 10 000 Hektar bis hinüber ins Grödner Tal zieht.

Rechte Seite:
Noch immer dominieren die Bergbauernhöfe am Hang über St. Peter im Villnösstal das Bild. Wenn die Herbstfarben Einzug halten, ist die letzte Mahd, die Heuernte, längst eingefahren, das Gros der Jahresarbeit liegt hinter den Bauern und der Winter kann kommen.

Linke Seite:
Im hinteren Villnösstal, vor der eleganten Architektur der Geisler-spitzen, steht bei St. Magdalena die Kirche St. Johann in Ranui. Im Frühling umgeben sie blühende Wiesen, während die Dreitau-sender Sass Rigais und Furchetta oft noch von Schnee bedeckt sind.

Anfang Oktober waren wir unterwegs auf dem Dolomiten-Höhenweg Nummer 2. Kurz bevor uns die steilen Pfade zur Scharte des Peitlerkofels hinauf-führen sollten, machten wir auf der Gampenwiese am Fuß der Plose vor einer verwitterten Alm-hütte Pause. Nach einer Marende, einer Brotzeit, verließen wir die Wälder und stiegen hinauf auf 2361 Meter.

Seite 224/225:
Zwischen der Puez-Hütte und dem Grödner Joch passiert man das obere Ende des Langentals. Nach Tagen in der grauen Steinwelt der Dolomiten können wir uns der Anziehungskraft von Wiesen und Bäumen kaum entziehen. Aber es bleibt bei Blicken auf Wolkenstein und hin-über zu Langkofel und Schlern. Dann wandern wir weiter durch die bleichen Berge.

Linke Seite:
Aus der Ferne hatte der Aufstieg zur 2617 Meter hoch gelegenen Scharte Forcella Roa schwierig ausgesehen. Von den grünen Niederungen der Medalges Alm wirkte dieses Land aus Fels und Schnee nicht besonders einladend. Aber letztlich erwies sich der in endlosen Serpentinen ansteigende Pfad als erstaunlich gangbar.

Ein weiterer Scheitelpunkt bei der Begehung des Dolomiten-Höhenweges Nummer 2 ist erreicht: Die Schneefelder auf dem Weg zur Scharte Forcella Roa liegen hinter uns. Hier, in gut 2600 Metern Höhe, bläst ein eiskalter Wind. Nach einer kurzen Pause ziehen wir am Piz Duleda vorbei in Richtung Osten – hinein in die Geröllwüsten der Puez-Gruppe.

In 1650 Metern Höhe im Campilltal liegt der Colhof inmitten seiner Wiesen, die eine unglaubliche Neigung von bis zu 60 Grad aufweisen. Bei der Heuernte trägt Ignaz Clara 80 bis 100 Kilogramm Heu in einem Tuch den Steilhang hinauf. Früher musste am Colhof die gesamte Mahd so eingebracht werden. Mittlerweile gibt es Feldwege, die den Einsatz von Maschinen an den meisten Plätzen erlauben.

Rechte Seite:
Im Campilltal sprechen die Einwohner ladinisch. Immer noch relativ einsam liegt das Dorf Campill und die umliegenden Weiler unter dem Peitlerkofel. Wo die Straße endet, führen Wanderwege weiter hinauf zur Medalges-Alm und zu den Geislerspitzen.

228

Linke Seite:
Die gewaltige Mauer des Kreuz-
kofels begrenzt das mittlere
Gadertal Richtung Westen. Er
bildet das monumentale Entrée
zum Naturpark Fanes-Sennes-
Prags, der sich auf einer Fläche
von fast 26 000 Hektar zwischen
Pustertal, Höhlensteintal, Gadertal und dem Belluno erstreckt.
Durch die kilometerlange Felswand verlaufen zahlreiche, meist
anspruchsvolle Kletterrouten.

Der Naturpark Fanes-Sennes-
Prags erschließt sich vor allem
dem Fußgänger. Auf der Kleinen
Fanesalm erwarten den Wande-
rer alte Kiefern am Ufer des
Grünsees. Im umgebenden
Karstland verschwinden Bäche
unvermittelt in Spalten, um an
anderer Stelle wieder ans
Tageslicht zu treten. Die Legende
siedelt hier das Volk der Fanes
an, das in Allianz mit den
Murmeltieren ein friedliches
Reich aufgebaut hatte.

231

Am Hang über dem Pragser Tal
steht ein Bergbauernhof im Licht
eines Herbsttages. Am Rande
der Pragser Dolomiten hat hier,
auch aufgrund des lebendigen
Fremdenverkehrs, ein Teil der
bäuerlichen Tradition überlebt.

Rechte Seite:
In fast 1500 Metern Höhe
füllt der über 30 Meter tiefe
Pragser Wildsee den von
schroffen Wänden umrahmten
Abschluss des Pragser Tals. Der
mit 31 Hektar größte natürliche
Dolomitensee verleitet mit maxi-
mal 14 Grad Wassertemperatur
nicht zwingend zum Baden. An
einem windstillen Herbstmorgen
zeigen die umliegenden Berge
ihr Bild in seinem Spiegel.

Wie ein Solitär steht die Hohe Gaisl am Rand des Rienztals. Mit ihren 3146 Metern ist sie einer der „vergessenen" Dreitausender der Dolomiten.

Rechte Seite:
Vor allem wegen ihrer unverwechselbaren Südwand ist die Tofana di Rozes eines der Wahrzeichen der Dolomiten. Mit ihren Schwesterbergen Tofana di Dentro und Tofana di Mezzo liegt sie bereits im Naturpark Dolomiti d'Ampezzo und damit in der Provinz Belluno. Aber wer hier im Herbst mit Blick auf zahlreiche Dolomitengipfel durch die Lärchenwälder zieht, denkt nicht an Grenzen.

234

Die fünf Türme, die Cinque Torri, mit dem 2361 Meter hohen Torre Grande als höchster Erhebung liegen zwischen dem Falzarego-Pass und Cortina d'Ampezzo. Sie sind ein beliebter Klettergarten, um sich auf die umgebenden großen Wände vorzubereiten oder einfach einen guten Tag in einer grandiosen Umgebung zu verbringen.

Rechte Seite:
Vom Kleinen Lagazuoi hoch über dem Falzarego-Pass liegen Wände und Gipfel von Fanes und Conturines an einem klaren Tag zum Greifen nah. Der 2778 Meter hohe Aussichtsgipfel lässt sich bequem mit der Seilbahn erreichen, aber auch Wanderwege, die zahlreiche Befestigungen aus dem Ersten Weltkrieg passieren, führen zum höchsten Punkt.

Linke Seite:
In den Dolomiten findet sich die wohl größte Dichte unverwechselbarer Felsgestalten im gesamten Alpenraum. Der Kleine Lagazuoi eignet sich gut, um einige davon in Augenschein zu nehmen. Die monolithischen Gipfel von Pelmo und Civetta liegen im letzten Licht des Tages hoch über dem Rest der Welt.

Das warme Licht des frühen Morgens hat sowohl den 2647 Meter hohen Averau als auch die Gipfel der Zillertaler Alpen im Hintergrund erreicht. Über einen relativ kurzen Klettersteig lässt sich der abweisend wirkende Averau erfreulich unproblematisch besteigen.

Ihre Nordwände haben die Drei Zinnen berühmt gemacht. Die meisten Besucher blicken aber zunächst auf die unspektakulärere Südseite dieser Berge und selbst wer sich nicht zur Gilde der Wanderer zählt, hat keine andere Wahl als von der Auronzo-Hütte in Richtung Drei-Zinnen-Hütte zu laufen, um zum Kreis der „Nordwandkenner" zu gehören.

Rechte Seite:
Auf der Bödenalpe unterhalb der Drei-Zinnen-Hütte bilden die Bödenseen einen unverhofften Kontrast zur kargen Steinlandschaft in den Hochlagen des Naturparks Sextener Dolomiten.

240

Seite 242/243:
Die Umrundung der Drei Zinnen
führt über die Langenalpe. Als
wir uns auf den Weg machten,
war das Vorankommen vor der
Kulisse von Paternkofel und
Drei-Zinnen-Hütte nach einem
schneereichen Winter noch recht
mühsam. Dafür hatten wir diese
stark besuchte Dolomitenecke
aber auch fast für uns alleine.

Auf dem Weg zum Büllelejoch
stehen mit dem Paternkofel
und den Drei Zinnen berühmte
Berggestalten der Sextener
Dolomiten Spalier. Der
Paternkofel war in den Irrsinn
des Hochgebirgskampfes im
Ersten Weltkrieg einbezogen.
Er ist von Tunnels durchlöchert.

Rechte Seite:
Die Büllelejochhütte ist für
Wanderer ein idealer
Ausgangspunkt im Herzen der
Sextener Dolomiten um Elfer,
Zwölfer und Einser. Auch das
weltberühmte Dreigestirn der
Dreizinnen-Nordwände lässt sich
von hier aus problemlos erreichen.

Linke Seite:
Der gezackte Felsenkamm des Haunold ist ein Wahrzeichen der Dolomitenregion um Toblach und Innichen. Seine unverkennbare, zerklüftete Silhouette erreicht in 2966 Metern ihren höchsten Punkt, der 1878 zum ersten Mal bestiegen wurde.

Im letzten Licht der Abendsonne taucht der Gipfel des Zwölferkofels aus den Wolken auf. Der 3094 Meter hohe Gipfel des „Zwölfer" bildet zusammen mit dem Zehner, Elfer und Einser die sogenannte Sextener Sonnenuhr, die den Einwohnern Sextens über den Sonnenstand eine recht akkurate Bestimmung der Uhrzeit erlaubt.

Seite 248/249:
Im Sommer wird die Gegend um die Drei-Zinnen-Hütte leicht zum Rummelplatz. Wer aber im Oktober eine kalte Nacht in Kauf nimmt, erlebt nach Sonnenuntergang unwirkliche Lichtstimmungen inmitten einer stillen Welt mit weiten Blicken über das Rienztal bis hin zur Hohen Gaisl.

Die Nordwände der Drei Zinnen gehören zu den berühmtesten Berggestalten der Welt. Entsprechend machen sich viele Wanderer auf den Weg. An einem kalten Abend im Oktober aber beobachten wir ganz alleine den Mondaufgang über Punta Frida, Kleiner und Kleinster Zinne.

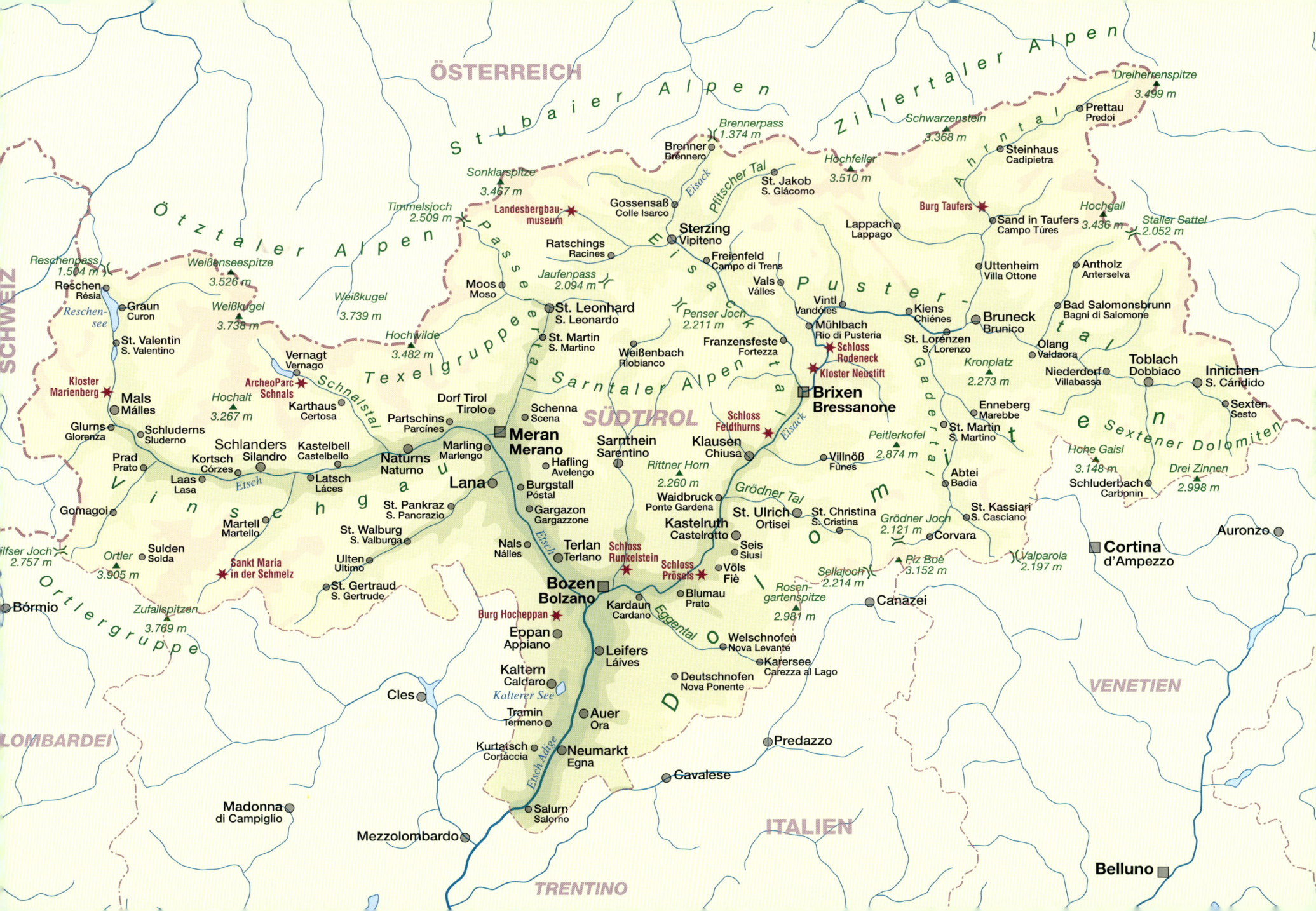

Impressum

Buchgestaltung:
SILBERWALD – Agentur für visuelle
Kommunikation, Würzburg
www.silberwald.biz

Karte:
Fischer Kartografie, Aichach

Alle Rechte vorbehalten

Printed in Germany

Repro und Layout:
Artilitho, Lavis-Trento, Italien
www.artilitho.com

Druck und Verarbeitung:
Offizin Andersen Nexö, Leipzig
www.oan.de

© 2010 Verlagshaus Würzburg
          GmbH & Co. KG
© Fotos und Texte: Hartmut Krinitz

ISBN 978-3-8035-2020-3

Weitere Bücher finden Sie unter:
www.verlagshaus.com

Hartmut Krinitz lebt in der Nähe von Freiburg und arbeitet als Vortragsreisender und Reisejournalist für renommierte Magazine, Buch- und Kalender-Verlage. Er ist Mitglied der Bildagentur laif in Köln. Im Verlagshaus Würzburg sind von Hartmut Krinitz unter anderem Bücher und Kalender zu den Themen Paris, Provence und Südtirol erschienen. www.hartmut-krinitz.de

Umschlag vorne:
Über die Seiser Alm, der mit 57 Quadratkilometern größten Hochalm Europas, erhebt sich im Westen der Bergstock des Schlern mit der emblematischen Santnerspitze. Zusammen mit dem Rosengarten wurde das Ensemble 1975 zum Naturpark erklärt.

Umschlag hinten:
Man kann in ihm ein Mahnmal sehen, einen erhobenen Finger: der Kirchturm erinnert an das Dorf Graun, das 1949 gesprengt wurde. Zur „Stärkung der nationalen Industrie" flutete man über 600 Hektar Land. Der Reschen-Stausee hat den oberen Vinschgau dauerhaft verändert.